________________님께 드립니다.

______년 ______월 ______일

____

보험금
HOW

윤용찬 지음

약관 읽어주는 남자의 보험 사용설명서

보험금 HOW

초판 1쇄 인쇄 2022년 11월 23일
초판 1쇄 발행 2022년 12월 2일

지은이 윤용찬

펴낸이 김찬희
펴낸곳 끌리는책

출판등록 신고번호 제25100-2011-000073호
주소 서울시 구로구 연동로11길9, 202호
전화 영업부 (02) 335-6936 편집부 (02) 2060-5821
팩스 (02) 335-0550

이메일 happybookpub@gmail.com
페이스북 happybookpub
블로그 blog.naver.com/happybookpub
포스트 post.naver.com/happybookpub
스토어 smartstore.naver.com/happybookpub

ISBN 979-11-87059-82-0 03320
값 13,000원

프롤로그

보험금은 소비자가 보험에 가입한 목적입니다

보험소비자의 정당한 권리를 지키는 데 작은 도움이라도 되고 싶어서 2013년 가을에 《당신의 보험금을 의심하라》를 출간했습니다. 그리고 소비자에게 보험을 권하는 보험인이 세일즈 과정에서 약관을 이해하고 활용하면 업무 성과도 오르고, 고객의 보험금 청구에도 도움을 줄 수 있을 거라는 생각에 2017년 겨울에 《약관RP 상황PC》를 출간했습니다. 그런데 5년이 더 지났지만 소비자가 보험금 받기 어려운 현실은 조금도 변한 게 없습니다.

각급 법원과 금융분쟁조정위원회가 소비자 보호에 도움이 되는 판결과 조정결정을 내놓아도 소비자들은 이 같은 사실을 제때 알기 어렵고, 보험회사들은 해당 판결과 조정결정을 보험금 심사에 반영하지 않습니다. 금융소비자의 보호를 위해 일한다는 금융감독원도 있고, 한국소비자원도 있지만 도움이 되지 못할 때가 많습니다. 이 나라 보험소비자들은 국가라는 시스템의 보호를 받지 못하고 있습니다. 소비자가 알아서 자신의 권리를 스스로 지켜야만 합니다.

그래서 2022년 여름부터 《보험금 HOW》와 《보험금 WHY》를 썼습니다. 《보험금 WHY》가 보험금 지급과 관련한 약관, 판결문, 조정결정문 등 그 근거를 담은 책인 반면, 이 책 《보험금 HOW》는 어떻게 보험금을 청구하면 되는지, 보험회사가 보험금 지급을 거부하면 어떻게 해야 하는지 그 방법만을 담은 '보험 사용설명서'입니다. 이 책에는 8개 장에 총 32개 꼭지의 글이 실려 있습니다. 철저하게 소비자 처지에서 보험금 청구를 이야기합니다. 소비자 입장에서 사안별로 '어떻게 하면 되는지' 그 실질적인 방법들만 담았습니다.

하지만 소비자뿐만 아니라 보험인도 직접 보험회사를 상대하기 버거울 때가 있습니다. 그래서 이 책에는 오랜 시간 동안 저와 교류하며 많은 가르침과 도움을 주고 있는 유능한 손해사정사들의 연락처도 함께 담았습니다. 보험금 분쟁이 생겼을 때 이분들께 연락하면 깊이 있는 지식과 노련한 경험으로 여러분을 도와줄 것입니다.

《약관RP 상황PC》 출간 이후 5년이 지나는 동안 신작을 기다리며 응원해주신 분들이 많았습니다. 제 책을 기다려 주신 모든 분께 고마운 마음을 전합니다. 이 책은 제가 그분들께 갚아야 할 채무였습니다. 나눠주신 기대와 응원 잊지 않고 살겠습니다.

고맙습니다.

2022년 가을에

윤용찬

약관 읽어주는 남자가 추천하는 손해사정사 4인

여기 소개하는 네 분의 손해사정사는 제가 2003년부터 보험인으로 살아오면서 지금까지 경험한 많은 보험금 분쟁 건에서 전문적인 지식과 경험으로 결정적인 도움을 주셨던 분들입니다. 동료 보험인과 소비자에게 꼭 알려드리고 싶어서 네 분께 양해를 구하고 그분들의 연락처와 업무 영역을 소개합니다.

여경훈 소장

법무법인 에이블 소속 손해사정사. HP: 010-7335-1014

① 교통사고/뺑소니/무보험차 사고 보상 전문.
② 손해보험/생명보험 보상: 사망, 후유장해 평가 및 적정 여부 판단 전문.
③ 배상책임 보상 전문.
④ 학교안전공제 사고 보상 전문.
⑤ 교통사고 보험금 소송업무 전문.

박현수 이사

한길손해사정 소속 손해사정사. HP: 010-3419-8353

① 암·뇌졸중·심근경색 진단보험금 전문.
② 상해사망·후유장해 전문.
③ 교통사고 보험금 전문.
④ 근재보험(산재보험/초과손해보상) 전문.
⑤ 영업, 시설, 생산물(제조물) 배상책임, 사고보상 전문.

이로운 소장

법무법인 호원 소속 손해사정사. HP: 010-2729-1130
전) 종합병원 간호사, 생명손해보험회사 지급심사팀.

① 교통사고, 상해사고 손해배상 전문.
② 태아, 어린이 장해보험금 전문.
③ 여성질환, 암세포 분야 보험금 전문.
④ 의료사고 의료분석 전문.

엄재연 대표

보험금 제대로 받기 공인손해사정(주) 대표 손해사정사.
HP: 010-7731-0537

① 생명/손해보험 : 고지/통지/이륜차 전문.
② 암/뇌혈관질환/심혈관질환 진단 전문.
③ 사인미상/재해/상해 사망 전문.
④ 후유(고도)장해, 납입면제 전문.

《 차례 》

④ 수술보험금을 청구할 때

⑤ 장해보험금을 청구할 때

⑥ 암보험금을 청구할 때

⑦ 사망보험금을 청구할 때

⑧ 보험금을 제대로 받지 못했거나, 보험계약이 해지됐을 때

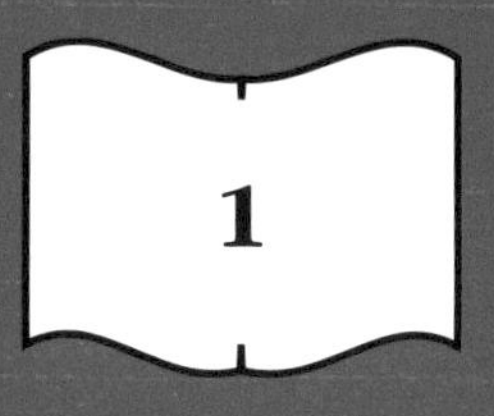

보험금 청구가 망설여질 때

보험금청구권 소멸시효를 잘못 이해해서 받을 수 있는 보험금을 못 받는 사례가 많아지고 있습니다. 보험금이 비교적 소액이면 소비자가 5~10년이 지나 청구해도 보험회사가 보험금을 지급하는 사례가 있기는 합니다. 하지만 이것은 민원을 예방하려는 차원에서 지급한 것일 뿐

보험금을 지급해야 할 의무가 있기 때문은 아닙니다. 보험금 액수가 조금만 크면 보험회사들은 보험금청구권 소멸시효 완성을 주장하며 보험금 지급을 거부합니다.

① 보험금을 받을 수 있는지 없는지 판단이 서지 않을 때는 일단 무조건 청구하세요. 청구하지 않고 3년이 지나면, 설사 받을 수 있는 보험금이라 하더라도 보험회사가 지급을 거부하면 청구권 소멸시효가 완성된 뒤라서 받아낼 방법이 없습니다.

② 예전에 보험금을 청구했는데 보험회사가 잘못 판단해서 지급하지 않았고, 그 후 3년이 지난 뒤 보험금이 지급되었어야 함을 소비자가 인식해서 다시 보험금을 청구했다고 하더라도, 보험회사가 보험금청구권 소멸시효 완성을 주장하면 보험금을 받아낼 수 없습니다. 청구권 소멸시효는 보험금을 청구했다는 이유로 그 진행이 중단되지 않습니다.

③ 보험금 청구 사유(입원, 수술, 사망 등)가 발생한 뒤 3년이 다 되어가지만, 보험회사가 보험금 지급을 거부하

고 있다면, 일단 금융감독원에 분쟁조정을 신청하세요. 분쟁조정위원회에서 이 사안을 심의하게 되면 그 때부터 보험금청구권 소멸시효는 진행이 중단됩니다.

금융소비자 보호에 관한 법률 (약칭: 금융소비자보호법)

[시행 2021. 12. 30.] [법률 제17799호, 2020. 12. 29., 타법개정]

금융위원회 (금융소비자정책과) 02-2100-2634, 2637

제1장 총칙

제1조(목적) 이 법은 금융소비자의 권익 증진과 금융상품판매업 및 금융상품자문업의 건전한 시장질서 구축을 위하여 금융상품판매업자 및 금융상품자문업자의 영업에 관한 준수사항과 금융소비자 권익 보호를 위한 금융소비자정책 및 금융분쟁조정절차 등에 관한 사항을 규정함으로써 금융소비자 보호의 실효성을 높이고 국민경제 발전에 이바지함을 목적으로 한다.

제40조(시효의 중단)

① 제36조 제1항에 따른 분쟁조정의 신청은 시효중단의 효력이 있다. 다만, 같은 조 제2항 단서에 따라 합의권고를 하지 아니하거나 조정위원회에 회부하지 아니할 때에는 그러하지 아니하다.

② 제1항 단서의 경우에 1개월 이내에 재판상의 청구, 파산절차 참가, 압류 또는 가압류, 가처분을 한 때에는 시효는 최초의 분쟁조정의 신청으로 인하여 중단된 것으로 본다.

③ 제1항 본문에 따라 중단된 시효는 다음 각 호의 어느 하나에 해당하는 때부터 새로이 진행한다.

1. 양 당사자가 조정안을 수락한 경우.

2. 분쟁조정이 이루어지지 아니하고 조정절차가 종료된 경우.

④ 만약 분쟁조정이 이루어지지 않고 조정절차가 종료된다고 하더라도, 금융소비자 보호에 관한 법률로 인해 보험금청구권 소멸시효는 그때부터 다시 3년을 적용받습니다.

⑤ 하지만 금융감독원에 분쟁조정을 신청했지만, 그 사안이 분쟁조정위원회에 회부되지 않은 경우에는 보험금청구권 소멸시효의 진행이 중단되지 않습니다.

2

실비보험금을 청구할 때

자동차 사고에
내 과실이 있을 때

자동차를 운전하다가 다른 자동차와 충돌하는 사고가 발생했습니다. 만약 이번 사고에 내 과실도 일부 있다면 어떻게 처리해야 할까요? 먼저, 가입한 자동차보험을 이용해 사고를 처리하고, 이때 내 과실만큼 삭감된 의료비를 내가 가입한 실비보험에 청구해서 보상받을 수 있습니다.

[상해입원형 보상하지 않는 사항]

③ 회사는 아래의 입원의료비에 대하여는 보상하여 드리지 아니합니다.
9. 자동차보험(공제를 포함합니다) 또는 산재보험에서 보상받는 의료비. 다만, 본인부담의료비는 제3조(담보종목별 보장내용)에 따라 보상하여 드립니다.

[상해통원형 보상하지 않는 사항]

③ 회사는 아래의 통원의료비에 대하여는 보상하여 드리지 아니합니다.
9. 자동차보험(공제를 포함합니다) 또는 산재보험에서 보상받는 의료비. 다만, 본인부담의료비는 제3조(담보종목별 보장내용)에 따라 보상하여 드립니다.

2012년 1월에 가입한 실비보험 약관

① 자동차보험으로 접수해서 치료한 후 자동차보험 회사와 합의했다면 일단 병원에 방문해 의료비 영수증을 발급받으세요(자동차보험 회사가 치료비를 냈지만 내 치료에 들어간 비용이므로 영수증을 받을 수 있습니다). 그 영수증을 자동차보험 회사에서 받은 합의금 산출내역서에 첨부해서 내가 가입한 실비보험 회사에 제출해 실비보험금을 청구하세요.

자동차보험 회사는 애초에 내 과실 비율에 해당하는 금액을 치료비에서 삭감해야 하지만, 이미 나를 대신해 병원에 지급한 상태이므로 내게 지급할 합의금에서 그만큼 삭감하고 지급합니다. 이렇게 삭감된 치료비의 40%를 내가 가입한 실비보험에서 보험금으로 받을 수 있습니다.

② 만약 단독 사고, 내 과실이 100%인 사고, 가해자 차량이 책임보험만 가입된 경우라면 자동차보험으로 접수하지 말고 국민건강보험으로 접수하는 걸 검토해보세요. 이때 병원에서 접수를 거부하면 '급여 제한 여부 조회서'를 담당 기관에 보내 달라고 요청하세요. 고의 또는 범죄행위가 아니라면 자동차 사고를 당한 사람이 국민건강보험으로 접수하는 것을 병원에서 거부할 수 없습니다. 이렇게 자동차 사고를 국민건강보험으로 접수해서 발생한 본인 부담 의료비는 내가 가입한 실비보험에 청구하세요. 보험회사는 40%만 보상하는 것이 아니라 해당 실비보험의 보상 기준 그대로(가입 시점에 따라 80%, 90%, 또는 100%) 보상해야 합니다.

■ 의료급여법 시행규칙 [별지 제16호서식] <개정 2014.11.19.>

급여 제한 여부 조회서

보장기관명		보장기관기호	
세대주 성명		주민등록번호	
수급권자 성명		주민등록번호	
주 소			

진료구분	[ ]입원 [ ]외래	진료기간	. . . ~ . . .
상 병 명		상병분류기호	
통보내역 (해당란에"0"표)	1. 자신의 고의 또는 중대한 과실로 인한 범죄행위 2. 고의로 사고를 발생시켜 의료급여를 받고자 함 3. 정당한 이유없이 의료급여법의 규정이나 의료급여기관의 진료에 관한 지시에 따르지 아니함		
발생원인	사고부상 [ ]근무중사고 [ ]폭행 [ ]자해 [ ]기타( ) 교통사고 [ ]운전중 [ ]보행중 [ ]기타( )		
발생장소	[ ]가정 [ ]회사내 [ ]공사현장 [ ]학교 [ ]음식점 [ ]도로 [ ]기타( )		
내원일시	년 월 일 시 분(24시간제)		
내원방법	[ ]119 [ ]사설응급차량 [ ]기타( )		
의사진찰의견			
환자·보호자 등 관계인 진술내용			

「의료급여법」 제15조제1항 및 같은 법 시행규칙 제26조제1항에 따라 위와 같이 통보하오니 의료급여 제한여부를 지체 없이 회신하여 주시기 바랍니다.

년 월 일

의료급여기관명 (인)
주 소

(시장·군수·구청장) 귀하

※ 이 조회서는 의료급여기관이 2부를 작성하여 1부는 보관하고, 1부는 시·군·구에 송부하여야 합니다.

210㎜×297㎜(백상지 80g/㎡(재활용품))

출처: 국민건강보험공단 홈페이지

③ 자동차 사고를 자동차보험으로 처리할지, 국민건강보험으로 처리할지 결정하는 것은 여러 가지 문제와 상황을 꼼꼼히 따져봐야 하므로 보험전문가와 상의하세요.

도수치료를 받으려 할 때

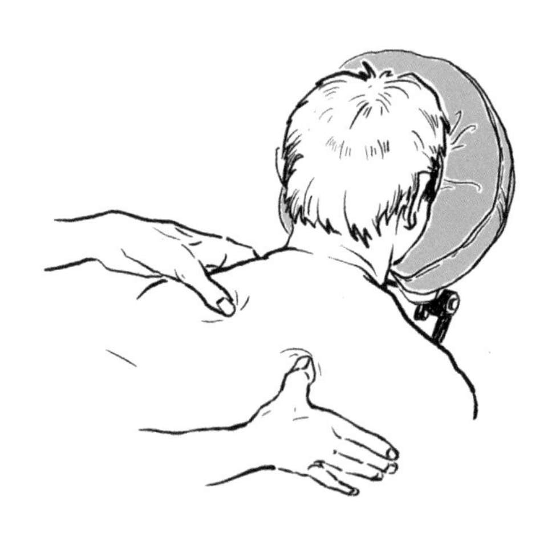

도수치료를 받고 실비보험금을 청구하면 보험회사 측 조사자가 찾아와 "도수치료는 12회까지만 보상하라는 법원의 판례가 나왔으니, 이후에 받는 도수치료는 보상이 되지 않는다."고 하면서 실비보험금을 청구하지 말라고 합니다. 하지만 그런 판례는 나온 적이 없습니다. 2016년

5월에 그와 유사한 금융분쟁조정위원회의 조정결정이 있었을 뿐입니다.

그런데 이 조정결정 역시 특별한 경우에만 해당합니다. 엑스레이, CT 등 객관적 검사 없이, 호전도에 대한 평가도 없이, 마사지 받듯이 도수치료를 받은 소비자에게 통증 완화 목적의 도수치료는 12회가 적절하다는 판단을 한 것입니다. 이 조정결정을 일반화해서 도수치료를 받는 모든 사람에게 적용하면 안 됩니다.

금융분쟁조정위원회
조 정 결 정 서

결정일자 : 2016.5.24.
조정번호 : 제2016-12호

1. **안 건 명** : 도수치료 비용에 대한 실손의료비 지급책임 유무

이 조정결정과는 달리 12회 이상의 도수치료에 대해서도 실비보험금을 지급하는 것이 마땅하다는 법원의 판결

이 다수 존재합니다. 다만, 해당 판결 속 소비자는 객관적 검사를 받았고, 도수치료를 받으면서 중간에 호전도 평가 등이 있었습니다. 이런 경우 법원은 통증 완화 목적의 도수치료를 실비보험금 지급 대상에서 배제하지 않았습니다.

실비보험에 가입한 시기와 상관없이 10회 정도 도수치료를 받고 그 후 다시 도수치료를 받는 경우 반드시 엑스레이, CT 등 객관적 검사를 통해 상태를 확인하면서 진료를 받고, 증상의 호전 여부 등에 대한 의료기록을 남겨야 분쟁을 예방할 수 있습니다. 이런 의료기록이 없는 상태에서 습관적으로 마사지 받듯이 도수치료를 받으면 보험금 지급이 거부될 수 있습니다.

만약 객관적 검사를 통한 상태 확인, 증상의 호전도 등에 관한 의료기록 등이 모두 증거로 제출되었음에도 보험회사가 도수치료에 대해서는 12회 이상 실비보험금을 지급할 수 없다고 한다면, 보험회사에서 '보험금 부지급 상세내역서'를 받아서 관련 의료기록과 함께 금융감독원에 보내고 분쟁조정을 신청하세요. 만약 금융감독원이 분쟁조정신청을 받아들이지 않고 반려한다면, 그땐 변호사와 상담한 후 소송을 고려할 수 있습니다.

실비보험 가입 시기별 도수치료에 대한 보장 조건은 아래와 같습니다.

① 2009년 10월 이전까지 판매된 1세대 실비보험에 가입한 경우:
별도 특약에 가입하지 않아도 도수치료를 보상받을 수 있지만, 보험회사마다 보장 조건이 다를 수 있습니다. 보통 1년간 통원 일수 30일, 가입 금액 한도로 보상합니다.

② 2009년 10월 이후부터 2017년 3월까지 판매된 2세대 실비보험에 가입한 경우:
별도 특약에 가입하지 않아도 도수치료를 보상받을 수 있습니다. 1년간 외래방문 180회 한도, 회당 25만원 한도로 보상합니다.

③ 2017년 4월부터 2021년 6월까지 판매된 3세대 실비

보험에 가입한 경우:
별도 특약에 가입해야 도수치료를 보상받을 수 있으며 1년 단위로 350만 원 이내에서 보상받지만, 도수치료와 체외충격파치료 그리고 증식치료의 각 치료 횟수를 합산하여 50회 한도로 보상받을 수 있습니다.

④ 2021년 7월 이후 판매된 4세대 실비보험에 가입한 경우:
비급여 실손의료비 보장 특약에 가입해야 도수치료를 보상받을 수 있으며, 1년 단위로 각 상해 또는 질병 치료 행위를 합산하여 350만 원 이내에서 50회까지 보상받을 수 있습니다. 그런데 도수치료·체외충격파치료·증식치료의 각 치료 횟수를 합산하여 최초 10회 보장하고, 이후 객관적이고 일반적으로 인정되는 검사 결과 등을 토대로 증상의 개선, 병변 호전 등이 확인된 때에만 10회 단위로 연간 50회까지 보상합니다.

다초점 인공수정체를 삽입하는 백내장 수술을 받으려 할 때

백내장 수술은 혼탁해진 수정체를 제거하고 그 자리에 인공수정체(단초점 인공수정체 또는 다초점 인공수정체를 삽입할 수 있습니다)를 삽입하는 수술입니다. 예전에는 다초점 인공수정체를 이용한 백내장 수술은 국민건강보험에서 급여 적용을 받지 못해서, 의료비가 부담스러운 환자

들이 선호하지 않았습니다. 한쪽 눈에 보통 500~700만 원 정도 수술 비용이 들어가기 때문입니다. 그런데 몇 년 전부터 일부 병원에서는 다초점 인공수정체를 삽입하는 백내장 수술을 공격적으로 권유하기 시작했습니다. 환자가 가입한 실비보험에서 의료비 대부분을 돌려받을 수 있다는 점을 이용한 상술입니다.

이런 이유로 1000만 원이 넘는 실비보험금 지급을 막기 위한 보험회사와, 현행 제도와 실비보험을 이용하려는 병원과 환자의 욕구가 충돌하는 분쟁이 계속됐습니다. 많은 소송이 줄을 이었고 대부분은 소비자가 이겼지만, 2022년 1월 서울고등법원의 판결(서울고등법원 2021나2013354)이 나오고 2022년 6월 16일 대법원에서 심리불속행 기각으로 확정되면서 새로운 국면이 전개됩니다.

서울고등법원은 해당 사건 속 피고(소비자)가 실제로 입원하여 백내장 수술(다초점 인공수정체 백내장 수술)을 받았다는 사실을 인정하지 않았습니다. 입원실도 없는 안과에서 백내장 수술을 받고 1000만 원에 육박하는 실비보험금을 청구한 상황에 대해, 법원은 보험회사가 실비보험의 '입원의료비'가 아니라 '통원의료비'로 보상하라고 결정했습니다. 통원의료비는 보상한도가 5000만 원이 아니라 30만 원(통원 25만 원+약제비 5만 원)이므로 총 50만 원(양쪽 눈 합해서)을 지급하라는 판결이었습니다.

2022년 8월 현재, 실비보험을 판매한 보험회사 중 일부는 다초점 인공수정체를 사용한 백내장 수술 환자가 실비보험금을 청구하면 무조건 '통원의료비'로만 보상하겠다고 합니다. 소비자가 입원해서 백내장 수술을 받았음을 아예 인정하지 않겠다는 뜻인데요. 이러면 안 됩니다. 서울고등법원과 대법원의 판단은 해당 사건 속 환자가 백내장 수술을 받은 후, 실제로 병원에 6시간 이상 머물며 상태를 관찰하거나 의료 처치를 받았음을 증명할 수 있는 기록이나 정황을 확인할 수 없었기에 내린 판결입니다. 입원실도 없는 곳이었으니까요.

그런데 이와는 달리 백내장 환자가 수술을 받고, 수술 후 부작용 등을 염려해 6시간 이상 병원에 머물며 상태 확인 또는 의료 처치를 받았음이 의료기록 등으로 확인된다면 그런 때조차 무조건 '통원의료비'로 보상하는 것은 부당합니다. 보험회사는 실질적인 입원 치료가 있었는지 당연히 확인해야 합니다. 그 결과를 가지고 보험금을 심사해야지 특수한 경우에 해당하는 법원의 판단을 일반화해서 모든 백내장 환자에게 적용하는 것은 매우 무책임하고 부적절한 행위입니다.

다초점 인공수정체를 사용하는 백내장 수술을 받을 예정이라면 참고하세요.

① 2016년 1월 1일 이후 실비보험 가입자는 다음과 같이 약관이 개정되어 다초점 인공수정체를 사용하는 백내장 수술은 실비보험에서 보상받을 수 없습니다.

보장 종목	보상하지 않는 사항
(3) 질병 입원	8. 아래에 열거된 국민건강보험 비급여 대상으로 신체의 필수 기능개선 목적이 아닌 외모개선 목적의 치료로 인하여 발생한 의료비 다. 안경, 콘텍트렌즈 등을 대체하기 위한 시력교정술 (국민건강보험 요양급여 대상 수술방법 또는 치료재료가 사용되지 않은 부분은 시력교정술로 봅니다)

2016년 1월 1일 이후부터 실비보험 약관에 추가된 내용

② 2016년 1월 1일 이전 실비보험 가입자는 실제로 6시간 이상 병원에 머물며 의료 처치를 받은 사실을 의료 기록으로 증명할 수 있다면, 2022년 서울고등법원 판결과 대법원의 판결에도 불구하고 실비보험의 '입원의료비'로 보상받을 가능성이 큽니다. 대법원판결로 백내장 수술은 무조건 '통원의료비'로 보상한다는 보험회사 측 주장을 그대로 믿지 말고 금융감독원에 분쟁조정을 신청하세요. 그 후 결과에 따라 변호사와 상담 후 소송을 고려할 수 있습니다.

③ 2016년 1월 1일 이전 실비보험 가입자이고 실제로 6시간 이상 병원에 머물며 의료 처치를 받았다고 하더라도, 브로커나 병원으로부터 각종 비용 지원 또는 보상을 받은 사실이 드러나는 때는 보험사기방지특별법 위반으로 처벌받을 수 있습니다. 만약 이렇게 보험사기가 인정되면 받았던 보험금도 모두 반환해야 합니다. 어떤 경우라도 보험사기와 연루되면 안 됩니다.

④ 상대적으로 적은 금액이지만 생명보험의 1~5종 수술특약에서도 수술보험금을 받을 수 있습니다. 이때

2006년 4월 이후 계약이라면 왼쪽 눈과 오른쪽 눈 각각에 대한 수술보험금을 받을 수 있습니다. 손해보험의 1~5종 수술특약은 보험회사마다 조금씩 다를 수 있지만, 대부분 수술보험금을 받을 수 있습니다. 다만, 손해보험사 1~5종 수술특약에는 생명보험 1~5종 수술특약과 달리 '신체 동일부위'라는 개념이 약관에 있는 예도 있고, 없는 예도 있어서 개별 약관을 모두 확인해야 합니다. '신체 동일부위' 개념이 약관에 없으면 보험회사는 한쪽 눈에 대한 수술보험금만 지급합니다.

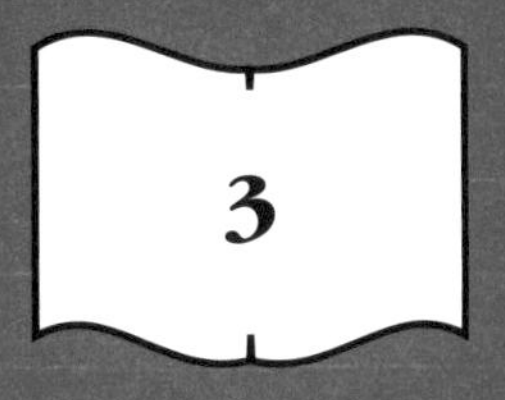

배상책임보험을 활용할 때

우리집 반려견이
타인 또는 타인의 반려견을 물었을 때

'일상생활중배상책임보험'은 다양한 손해보험 계약에 특약의 형태로 부가된 예가 많습니다. 하지만 보험료가 한 달에 1,000원을 넘지 않기에 많은 분이 이 보험의 존재를 아예 모르고 있습니다.

1. 갱신형 가족일상생활중배상책임(Ⅱ)보장 특별약관

제1조(보상하는 손해)

[1] 회사는 제4항에서 정한 피보험자가 이 특별약관의 보험기간 중에 다음에 열거하는 사고(이하 「사고」라 합니다)로 피해자에게 신체의 장해에 대한 법률상의 배상책임(이하 「대인 배상책임」이라 합니다) 또는 재물의 손해에 대한 법률상의 배상책임(이하 「대물 배상책임」이라 합니다)을 부담함으로써 입은 손해(이하 「배상책임손해」라 합니다)를 보상합니다.

가족일상생활중배상책임보험 약관 제1조(보상하는 손해)

'일상생활중배상책임보험'은 피보험자가 직업이나 직무와 관련 없는 일상생활을 하다가 우연한 사고로 피해자를 다치게 하거나 피해자 재산에 손해를 입힌 경우, 그래서 그 피해를 배상하는 데 들어간 비용을 보상받을 수 있는 보험입니다. 이 보험은 반려견에 의한 개 물림 사고에서도 활용할 수 있습니다. 반려견을 기르는 보호자는 반려견을 가족으로 생각하지만, 보험약관에서의 반려견은 소유자의 '재물'입니다. 그러니 내 반려견이 타인의 반려견을 물어서 다치게 했다면, 내 소유물이 타인 재산에 피해를 준 것이므로 나는 다친 반려견의 보호자에게 당연히 손해배상을 해줘야 합니다. 이때 피해자에게 손해배상을 해줌으로써 부담한 내 손해액을 내가 가입한 일상생활중배상책임보험에서 보상받을 수 있습니다.

그러므로 반려견에 의한 개 물림 사고가 발생하면 사고를 입증할 증거를 확보해야 합니다. 피해자가 입은 피해에 대한 사진이나 동영상을 찍고, 응급처치 등에 들어간 비용이 있다면 영수증을 확보해야 합니다. 그 후 바로 보험회사에 연락해서 사고 사실을 알리면서 일상생활중배상책임보험을 통한 보상을 요청하세요. 그러면 보험회사에서는 조사자를 보내 해당 사고를 조사하고 관련 증거를 분석해서 보상 여부를 결정합니다. 그러니 보험회사 측이 보상 여부를 결정하기 이전에는 될 수 있으면 피해자에게 구체적인 보상 규모를 약속하지 않아야 합니다. 보험회사의 조사과정에서 예상하지 못했던 변수가 생길 수도 있기 때문입니다.

반려견이 타인의 반려견 또는 타인을 다치게 했다면 일상생활중배상책임보험을 활용하세요. 이때 인정되는 보상 범위는 다음과 같습니다.

① 내가 피해자에게 지급할 책임을 지는 법률상의 손해 배상금.

② 다친 사람(또는 반려견)을 내가 응급 치료(붕대나 지혈 도구를 사용)하면서 들어간 비용, 또는 병원으로 옮겨 치료를 받게 하면서 내가 지출한 비용.

③ 피해자와 합의가 되지 않아서 재판하게 됐을 때 내가 지급한 소송비용, 변호사비용, 중재, 화해 또는 조정에 관한 비용.

우리집 누수사고로
아랫집에 피해를 입혔을 때

내가 가입한 손해보험계약이 있다면 증권을 찾아서 각종 배상책임보험이 특약으로 가입되어 있는지 확인합니다. 만약 가입되어 있다면 아래와 같은 사항을 참고해서 보험금을 청구하세요.

① 아랫집의 피해를 복구하는 데 들어간 비용:
누수사고로 인한 아랫집 도배를 포함해 각종 수리 비용을 윗집이 가입한 배상책임보험에서 보상받을 수 있습니다.

② 윗집의 누수 원인을 찾는 데 들어간 비용:
누수 원인을 찾는 데 성공하지 못한 탐지 방법에 대해서도 그 발생 비용은 배상책임보험에서 보상받을 수 있습니다(금융분쟁조정결정 제2020-7호, 제2020-8호 참조).

③ 윗집의 누수 원인을 수리하는 데 들어간 비용은 윗집이 가입한 배상책임보험에서 보상받을 수 있지만, 누수 원인과 직접 관련이 없는 부분을 수리하는 데 들어간 비용은 보상받을 수 없습니다(대법원 2022. 3. 3. 선고 2021다201085 판결 참조).

④ 윗집에서 누수사고가 발생했는데 집주인이 살고 있지 않고 세입자가 살고 있다면, 해당 누수사고로 인해 피해를 본 아랫집의 손해를 배상해줘야 할 책임은 윗집

주인에게 있습니다. 세입자의 경우, 누수사고가 발생했음을 집주인에게 바로 알리고 그 후 누수 원인을 찾는 일에 적절히 협조했다면, 세입자가 아랫집의 피해에 대해서 배상할 책임은 없습니다.

⑤ 윗집 주인이 다른 곳에 거주하고 있고 누수사고가 발생한 곳에 세입자가 사는 경우, 윗집 주인이 가입한 배상책임보험에서는 해당 누수사고로 인한 배상책임에 대해 보상해주지 않습니다. 이때 만약 윗집 주인이 누수사고가 발생한 주택에 가입해둔 화재보험이 있고 해당 보험계약에 임대인 배상책임보험이 특약으로 가입되어 있다면 보상받을 수 있습니다.

⑥ 집주인이 2020년 4월 이후 배상책임보험(특약)에 가입한 경우이고, 해당 주택에 집주인이 거주하고 있지 않다고 하더라도 가입한 배상책임보험 증권에 그 주택이 기재되어 있다면, 약관이 변경되었으므로 해당 주택에서 발생한 누수사고로 인한 배상책임도 보상받을 수 있습니다.

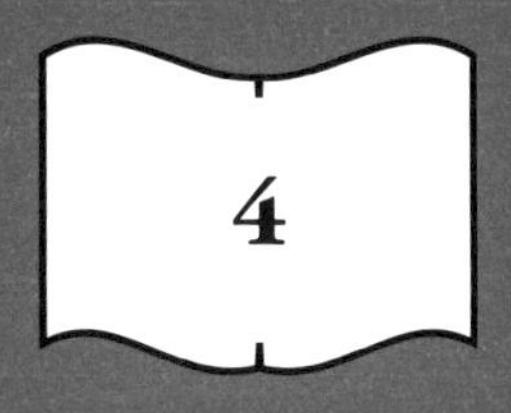

수술보험금을 청구할 때

절단·절제가 아니라며 보험회사가 수술보험금 지급을 거부할 때

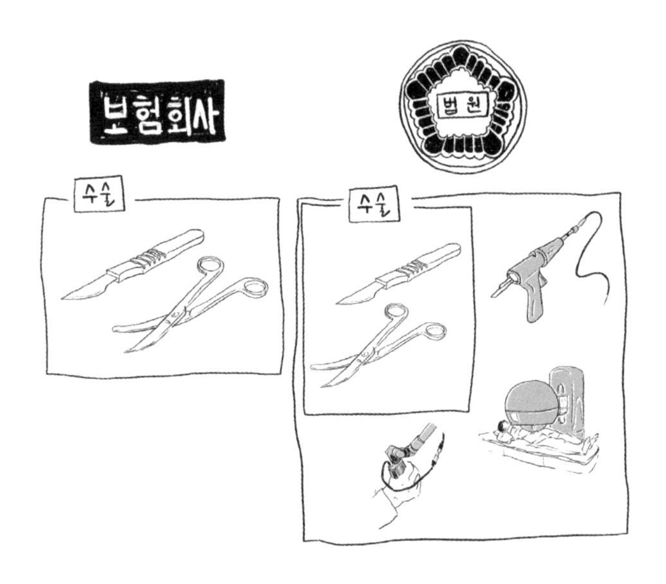

소비자가 가입한 보험이 생명보험이든 손해보험이든, 그동안 보험회사는 소비자가 받은 수술이 전통적인 방식의 외과수술, 즉 기구를 사용해서 환자의 몸을 째거나 도려내는 방식으로 이루어진 것이 아니면 '보험약관에서 정하고 있는 수술'에 해당하지 않는다고 주장하며 수술보험

금 지급을 거부하는 예가 많습니다.

하지만 최근 10여 년 동안 각급 법원 판결을 보면 약관에서 정하고 있는 수술의 정의를 절단과 절제로만 국한해서 해석하는 보험회사와는 다르게 '절단·절제 등의 조작'으로 그 범위를 넓게 해석하고 있습니다. 물리적인 방법으로 병변을 제거하기만 한다면 그 수술 방법이 절단이나 절제가 아니라 고주파를 이용하거나, 레이저를 이용하는 것이라도 수술보험금 지급 대상으로 인정하고 있습니다. 이와 관련된 많은 판례가 이미 존재합니다만 보험회사들은 아직도 수술 방법이 절단이나 절제가 아니면 일단 수술보험금 지급을 거부하고 있어서 소비자 피해가 계속되고 있습니다.

수술 방법이 절단이나 절제가 아니라며 보험회사가 수술보험금 지급을 거부하면 그대로 포기하지 말고 다음 사항을 검토해 보세요.

① 먼저 내가 가입한 보험의 약관을 찾아서 '수술의 정의'가 어떻게 되어 있는지 확인하세요.

ㄱ. 약관에 '수술의 정의'가 아예 없는 경우에는 보험회사가 수술 방식을 트집 잡아서 보험금 지급을 막을 수 없습니다.

ㄴ. 약관에 '수술의 정의'가 있는 경우에는 해당 정의에 부합하는 수술에 대해서만 수술보험금을 받을 수 있습니다.

② 내가 가입한 보험의 약관에서 '수술의 정의'가 다음과 같이 되어 있는 때에는, 내가 받은 수술이 절단이나 절제 같은 전통적인 외과수술 방식이 아니더라도 물리적으로 병변을 제거하는 치료라면 수술보험금을 받을 수 있습니다.

제3조 (수술의 정의와 장소)

① 이 특약에서 '수술' 이라 함은 병원 또는 의원의 의사, 치과의사의 면허를 가진 자(이하 '의사' 라 합니다)에 의하여 치료가 필요하다고 인정된 경우로서 의사의 관리 하에 치료를 직접적인 목적으로 의료기구를 사용하여 생체(生體)에 절단(切斷, 특정부위를 잘라 내는 것), 절제(切除, 특정부위를 잘라 없애는 것) 등의 조작(操作)을 가하는 것을 말합니다.

② 제1항의 수술에는 보건복지부 산하 신의료기술평가위원회(향후 제도변경시에는 동 위원회와 동일한 기능을 수행하는 기관)로부터 안전성과 치료효과를 인정받은 최신 수술기법으로 생체에 절단, 절제 등의 조작을 가하는 것도 포함됩니다.

③ 제1항의 수술은 자택 등에서 치료가 곤란하여 의료법 제3조(의료기관)에서 규정한 국내의 병원, 의원 또는 국외의 의료관련법에서 정한 의료기관에서 행한 것에 한합니다.

③ 내가 가입한 보험약관에서 '수술의 정의'가 다음과 같이 '수술분류표'를 포함하고 있다면, 병변을 물리적으로 제거하는 것만으로는 수술보험금을 받을 수 없고, 해당 약관의 '수술분류표'에도 부합해야만 수술보험금을 받을 수 있습니다. 물론, 수술 방식은 절단과 절제가 아니어도 상관없습니다.

제9조("수술"의 정의와 장소)

① 이 특약에서 "수술"이라 함은 의사, 치과의사 또는 한의사의 면허를 가진 자(이하 "의사"라 합니다)에 의하여 피보험자에게 질병 또는 재해로 인한 직접적인 치료를 목적으로 필요하다고 인정된 경우로서 의료법 제3조(의료기관)에서 규정한 국내의 병원이나 의원 또는 국외의 의료관련법에서 정한 의료기관에서 의사의 관리하에 〈별표 4〉 "1~5종 수술분류표"에서 정한 행위를 하는 것을 말합니다.

② 제1항에서 "수술"은 기구를 사용하여 생체(生體)에 절단(切斷, 특정부위를 잘라 내는 것), 절제(切除, 특정부위를 잘라 없애는 것) 등의 조작을 가하는 것[보건복지부 산하 신의료기술평가위원회(향후 제도가 변경되는 때에는 동 위원회와 동일한 기능을 수행하는 기관)로부터 안전성과 치료효과를 인정받은 최신수술기법도 포함됩니다]을 말합니다. 다만, 흡인(吸引, 주사기 등으로 빨아들이는 것), 천자(穿刺, 바늘 또는 관을 꽂아 체액•조직을 뽑아내거나 약물을 주입하는 것) 등의 조치 및 신경(神經)의 BLOCK(차단), 미용 성형상의 수술, 피임(避妊) 목적의 수술, 피임 및 불임술 후 가임목적의 수술, 검사 및 진단을 위한 수술[생검(生檢), 복강경 검사(腹腔鏡檢査) 등]은 "수술"에서 제외합니다.

1~5종 수술분류표

Ⅰ. 일반 질병 및 재해 치료목적의 수술

구분	수술명	수술종류
피부, 유방의 수술	1. 피부이식수술(25㎠이상인 경우), 피판수술(피판분리수술, Z flap, W flap 제외)	3
	2. 피부이식수술(25㎠미만인 경우)	1
	3. 유방절단수술(切斷術, Mastectomy)	3
	4. 기타 유방수술(농양의 절개 및 배액은 제외) [단, 치료목적의 Mammotomy는 수술개시일부터 60일 이내 2회 이상의 수술은 1회의 수술로 간주하여 1회의 수술보험금을 지급하며 이후 동일한 기준으로 반복 지급이 가능합니다]	1

1~5종 수술분류표 중 일부

④ 손해보험의 경우 '수술분류표'가 아니라 '질병분류표'를 담고 있는 수술특약이 많이 판매되고 있습니다. 이런 특약에 가입한 때에는 수술의 원인에 대해 의사가 부여한 질병코드가 해당 수술특약 약관 '질병분류표'의 코드와 같으면서, 또한 병변을 물리적으로 제거하는 방식의 수술이라면 수술보험금을 받을 수 있습니다. 이런 종류의 특약 역시 수술 방식은 절단과 절제가 아니어도 상관없습니다.

2-90 특정5대질병수술보장 특별약관

제1조 (보험금의 지급사유)

회사는 피보험자가 이 특별약관의 보험기간 중에 '특정5대질병'으로 진단확정되고, 그 '특정5대질병'의 치료를 직접적인 목적으로 수술을 받은 경우에는 수술 1회당 아래의 금액을 보험수익자에게 보험금으로 지급합니다.(이하 '특별약관'은 '특약', '이 특별약관의 보험기간'은 '보험기간'이라 합니다)

제2조 (특정5대질병의 정의 및 진단확정)

① 이 특약에서 '특정5대질병'이라 함은 제2항에서 정한 '4대질병' 및 제3항에서 정한 '치핵'을 총칭합니다.

② 이 특약에서 '4대질병'이라 함은 제7차 한국표준질병사인분류에 있어서 [별표47] '4대질병 분류표'에 해당하는 질병을 말합니다.

대상이 되는 질병	분류번호
1. 담석증	K80
2. 사타구니 탈장	K40
3. 편도 및 아데노이드의 만성질환	J35
4. 만성 부비동염	J32

손해보험 특정5대질병수술보장 특별약관

제3조 (수술의 정의와 장소)

① 이 특약에서 '수술' 이라 함은 병원 또는 의원의 의사, 치과의사의 면허를 가진 자(이하 '의사' 라 합니다)에 의하여 치료가 필요하다고 인정된 경우로서 의사의 관리 하에 치료를 직접적인 목적으로 의료기구를 사용하여 생체(生體)에 절단(切斷, 특정부위를 잘라 내는 것), 절제(切除, 특정부위를 잘라 없애는 것) 등의 조작(操作)을 가하는 것을 말합니다.

② 제1항의 수술에는 보건복지부 산하 신의료기술평가위원회(향후 제도변경시에는 동 위원회와 동일한 기능을 수행하는 기관)로부터 안전성과 치료효과를 인정받은 최신 수술기법으로 생체에 절단, 절제 등의 조작을 가하는 것도 포함됩니다.

③ 제1항의 수술은 자택 등에서 치료가 곤란하여 의료법 제3조(의료기관)에서 규정한 국내의 병원, 의원 또는 국외의 의료관련법에서 정한 의료기관에서 행한 것에 한합니다.

손해보험 특정5대질병수술보장 특별약관

⑤ 앞에서 살펴본 ①~④의 경우에서 모두 수술의 정의에 부합하는데도 보험회사가 '수술 필요성'이 없었음을 주장하며 수술보험금 지급을 거부할 때는 해당 질병과 관련된 전문적인 의료학회의 진료 가이드라인을 확인해야만 합니다. 해당 학회의 홈페이지에서 관련 정보를 얻을 수 있는 예가 많습니다.

⑥ 가입한 보험상품의 약관에 수술보험금 지급 대상에서 제외하는 수술명이 나열되어 있을 수 있습니다. 이렇게 약관에서 면책 대상으로 정하고 있는 수술을 한 경우 소비자는 수술보험금을 받을 수 없습니다. 아무리 법원과 금융분쟁조정위원회가 '수술의 정의'에 부합하

는 행위라고 판단한 수술기법이라 하더라도 말이죠. 그러니 소비자들은 이런 면책 조항이 약관에 없는 보험상품에 가입하는 것이 상대적으로 유리합니다.

⑦ 기타 수술의 정의에 해당하지 않는 시술

【기타 수술의 정의에 해당하지 않는 시술(예시)】

- 체외 충격파 쇄석술
- 창상봉합술
- 절개 또는 배농술
- 도관삽입술
- 전기소작술 또는 냉동응고술, 고주파열응고술
- 고주파 하이푸 용해술
- 하지정맥류 관련 레이저정맥폐쇄술
- IPL(Intense Pulsed Light) : 아이피엘 레이저 시술
- 경피적 경막외강 신경성형술
- 경피적 풍선확장 경막외강 신경성형술
- 치, 치은, 치근, 치조골의 처치
- 기타 이와 유사한 시술

봉합수술에 대해
보험회사가 수술보험금 지급을 거부할 때

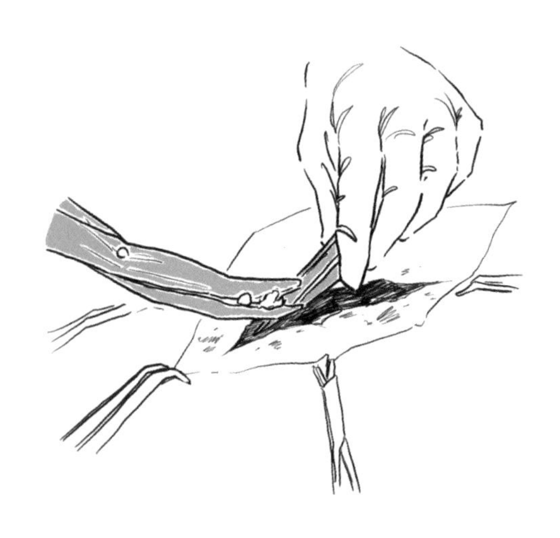

봉합수술을 했다며 소비자가 수술보험금을 청구하면 보험회사는 보험약관에서 정하고 있는 '수술의 정의'에 부합하지 않는다며 수술보험금 지급을 거부합니다. '수술의 정의'에 부합하기 위해서는 '의사가 기구를 사용하여 생체에 절단·절제 등의 조작을 가하는 것'이어야 하는데,

봉합수술은 생체를 절단 또는 절제하는 행위가 아니므로 수술보험금을 지급할 수 없다고 주장합니다. 하지만 보험회사 측 주장을 그대로 받아들이지 말고 아래 내용을 검토해보면 봉합수술에 대해서도 수술보험금을 받을 수 있는 경우가 많습니다.

① 이 봉합수술이 '변연절제(오염되거나 괴사한 조직을 제거하는 수술)'를 포함한 수술인지 담당 의사에게 물어봐서 맞으면 수술진단서에 '변연절제를 포함한 창상봉합술'이라고 적어 달라고 요청하세요. 손해보험의 각종 수술비특약에 가입되어 있으면 수술보험금을 받을 수 있습니다.

② 만약 보험금 심사 담당자가 창상봉합술은 수술보험금 지급 대상이 아니라고 주장하면, 그분에게 아래 분쟁조정결정문을 보내주세요. 그 수술이 변연절제를 포함한 창상봉합술이 맞다면 보험금 심사 담당자는 조정결정문을 보고 수술보험금을 지급할 것입니다.

금 융 분 쟁 조 정 위 원 회
조 정 결 정 서

조정일자 : 2021. 5. 18.
조정번호 : 제2021 - 8호

안 건 명 창상봉합술(변연절제 포함)이 상해수술비에서의 수술에 해당되는지 여부

신 청 인 X

피 신 청 인 Y손해보험㈜

위 조정결정문은 금융감독원이 운영하는 e-금융민원센터(https://www.fcsc.kr)에 접속한 후 '서비스 소개' → '민원신청' → '분쟁조정사례' 순서로 찾아 내려받을 수 있습니다.

창상봉합술(변연절제 포함)은 대상 범위를 판단하고 절단, 절제 후 괴사된 조직이 완전히 제거되어 생체조직이 노출되었다는 증거로서 남은 조직에서 출혈을 확인하므로 그 행위 형태가 형식적으로 생체의 절단, 절제에 해당되고, 이후 상처를 봉합하는 행위로 이는 의학을 전공하고 훈련을 받은 면허자인 의사가 필요하다고 인정하여 직접적인 치료를 목적으로 의료기구를 사용하여 생체에 대해 시행하는 치료 방법이다. 따라서 창상봉합술(변연절제 포함)은 죽거나 오염·손상된 조직을 제거하는 행위와 상처를 봉합하는 의료적 전문성을 요구하는 수술 과정으로 이 사건 약관의 수술의 정의 조항의 '절단, 절제 등 조작'에 해당된다.

③ 생명보험 또는 손해보험의 '1~5종 수술특약'에 가입되어 있다면, 안타깝지만 '변연절제를 포함한 창상봉합술'로 받을 수 있는 수술보험금은 없습니다. 수술분류표에 해당하지 않기 때문입니다. 이런 경우에는 그 수술이 근육층까지 칼이 들어가서 진행된 것인지 의사에게 물어보세요. 만약 맞는다면 '근봉합술'을 했다는 내용을 진단서에 적어 달라고 요구하세요. 1~5종 수술특약에서는 이런 경우 1종 수술보험금을 받을 수 있습니다.

1 ~ 5 종 수술분류표

1. 일반 질병 및 재해 치료목적의 수술

구분	수술명	수술 종류
	13-2. 기타 사지골 (四肢骨), 사지관절 (四肢關節) 관혈수술	2
	14. 근 (筋), 건 (腱), 인대 (靭帶), 연골 (軟骨) 관혈수술	1

1~5종 수술분류표 중 일부

이소성몽고반점 또는 화염상모반 때문에 레이저 치료를 받았을 때

어린아이들에게 종종 발견되는 '이소성몽고반점'과 '화염상모반'의 질병코드는 모두 'Q82.5 비신생물성 모반'이고 둘 다 선천성 질환입니다. 그런데 이소성몽고반점은 피부에서 발생한 질병이고, 화염상모반은 모세혈관의 기형적인 확장으로 발생하는 질병입니다. 그래서 수술용 칼

이 아니라 레이저를 이용해서 치료한다는 점은 같지만 어떤 보험에 가입했는지에 따라 보험금 지급 여부가 달라질 수 있습니다.

① 태아보험에 가입한 상태에서 이소성몽고반점 또는 화염상모반 치료를 목적으로 레이저 치료를 받았다면 가입한 보험에 '선천이상수술비'특약이 들어 있는지부터 확인하세요. 해당 특약에 가입되어 있다면 레이저 치료 1회당 150만 원의 선천이상수술비 보험금을 받을 수 있습니다. 레이저 치료를 64회 받고 9600만 원을 받은 소비자도 있습니다.

② 이때 만약 레이저 치료는 절단 절제가 아니라서 수술 보험금 지급을 거부하는 보험회사가 있으면 아래 판결문(서울고등법원 2019. 8. 23. 선고 2019나2003590 판결) 또는 분쟁조정결정서(제2021-8호)를 제시하며 대응하세요.

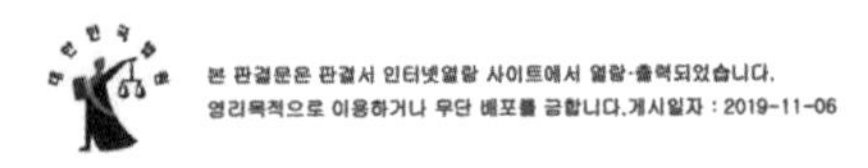

서 울 고 등 법 원

제 1 민 사 부

판 결

사 건	2019나2003590 채무부존재확인
원고, 항소인	주식회사 A 소송대리인 법무법인 화산 담당변호사 엄장섭
피고, 피항소인	B 미성년자이므로 법정대리인 친권자 부 C, 모 D 소송대리인 변호사 강형구
제 1 심 판 결	수원지방법원 2018. 12. 11. 선고 2017가합15471 판결
변 론 종 결	2019. 6. 26.
판 결 선 고	2019. 8. 23.

금 융 분 쟁 조 정 위 원 회
조 정 결 정 서

조정일자 : 2021. 5. 18.
조정번호 : 제2021 - 8호

안 건 명	창상봉합술(변연절제 포함)이 상해수술비에서의 수술에 해당되는지 여부
신 청 인	X
피 신 청 인	Y손해보험㈜

서울고등법원의 판결문은 판결문 제공 서비스를 하는 곳(LBox : https://lbox.kr)에서 쉽게 구할 수 있고, 분쟁조정결정문은 금융감독원 홈페이지에서 다음과 같이 찾아보면 됩니다.

금융소비자보호 → 금융분쟁관련정보 → 분쟁조정사례 → e금융민원센터 → 민원신청 → 분쟁조정사례

③ 이소성몽고반점에 대한 레이저 치료는 생명보험 또는 손해보험회사가 판매하고 있는 '1~5종 수술특약'에서 정하고 있는 '수술의 정의'에는 부합하지만, '수술분류표'에 해당하지 않아서 수술보험금을 받을 수 없습니다.

④ 화염상모반에 대한 레이저 치료는 생명보험 또는 손해보험회사가 판매하고 있는 '1~5종 수술특약'에서 정하고 있는 '수술의 정의'에도 부합하고 '수술분류표'에도 해당하므로 수술보험금을 받을 수 있습니다.

1 ~ 5 종 수술분류표

1. 일반 질병 및 재해 치료목적의 수술

구분	수술명	수술 종류
순환기계, 비장(脾腸)의 수술	22. 혈관관혈수술 (하지정맥류 및 손가락·발가락은 제외)	3
	23. 하지 정맥류 (靜脈瘤) 근본수술 및 손가락·발가락 혈관관혈수술	1
	24. 대동맥 (大動脈), 대정맥 (大靜脈), 폐동맥 (肺動脈), 관동맥 (冠動脈) 관혈수술 [개흉술, 개복술을 수반하는 것]	5
	25. 심막 (心膜) 관혈수술 [개흉술을 수반하는 것]	4
	26. 심장내 (心藏內) 관혈수술 [개흉술을 수반하는 것]	5

1~5종 수술분류표 중 일부

⑤ 실비보험에 가입한 경우, 2016년 1월에 금융감독원이 발표한 '약관 명확화 정책'으로 인해 태아보험으로 가입했으면 이소성몽고반점이나 화염상모반에 대한 레이저 치료도 실비보험금을 받을 수 있지만, 어린이보험으로 가입했으면 실비보험에서 보상받을 수 없습니다.

⑥ 손해보험의 질병수술비보장특약에서는 화염상모반(Q82.5)이나 이소성몽고반점(Q82.5)에 대해서 수술보험금을 지급하지 않습니다. 해당 특약 약관에서 정하

고 있는 '수술의 정의'에는 부합하지만, 이 특약이 보험금을 지급하지 않는 면책 규정 중 하나로 선천성 질환(Q00~Q99)을 정하고 있기 때문입니다.

디스크 치료 목적으로 경막외강신경성형술을 받았을 때

의료기술이 비약적으로 발전하고 있습니다. 과거에는 개복해서 수술하는 경우가 많았지만, 최근에는 내시경이나 카테터를 이용해서 개복수술보다 더 간편하고 부작용도 최소화하는 수술기법이 많이 개발되고 있습니다.

다양한 원인으로 튀어나온 척추 디스크가 신경을 건드리면서 염증이 발생하고 그 염증 때문에 디스크와 신경이 유착되는 경우가 있습니다. 그러면 다리나 팔이 저리고 통증을 느끼게 됩니다. 이런 증상을 개선하기 위해 최근 많이 행해지는 수술이 '경막외강신경성형술'인데 '경막외강유착박리술'이라고도 부릅니다.

이 수술은 물리적인 방법과 약물을 주입하는 화학적인 방법을 함께 사용합니다. 환자를 엎드리게 한 후 꼬리뼈 쪽에서 피부를 조금 절개하고 그 안으로 카테터라는 가느다란 관을 넣고 병변이 있는 척추의 경막 바깥쪽에 위치시킵니다. 그 카테터를 움직여서 신경과 디스크를 유착시킨 염증을 물리적으로 떨어트린 후 약물을 주입해서 염증을 제거합니다.

이 치료법에 대해서 보험회사는 약물을 주입하는 것이니 수술비를 지급하는 특약에서 면책 조항으로 정하고 있는 '천자'와 유사하다는 이유로 수술보험금 지급을 거부했습니다.

제2조(수술의 정의와 장소) ① 이 특별약관에서 「수술」이라 함은 병원 또는 의원의 의사 면허를 가진자(이하 「의사」라 합니다)에 의하여 치료가 필요하다고 인정된 경우로서 자택 등에서 치료가 곤란하여 의료법 제3조(의료기관)에서 규정한 국내의 병원, 의원 또는 국외의 의료관련법에서 정한 의료기관에서 의사의 관리하에 치료를 직접적인 목적으로 의료기구를 사용하여 생체(生體)에 절단(切斷, 특정부위를 잘라 내는 것), 절제(切除, 특정부위를 잘라 없애는 것) 등의 조작을 가하는 것을 말합니다. 또한, 보건복지부 산하 신의료기술평가위원회(향후 제도 변경시에는 동 위원회와 동일한 기능을 수행하는 기관)로부터 안전성과 치료효과를 인정받은 최신 수술기법도 포함됩니다.

③ 제1항의 수술에서 아래에 정한 사항은 제외합니다.
1. 흡인(吸引, 주사기 등으로 빨아들이는 것)
2. 천자(穿刺, 바늘 또는 관을 꽂아 체액·조직을 뽑아내거나 약물을 주입하는 것) 등의 조치
3. 신경(神經) BLOCK(신경의 차단)
4. ~ 7. (생략)

손해보험 약관에서 '수술의 정의와 장소'

하지만 금융분쟁조정위원회(금융분쟁조정결정 제2021-15호)는 생각이 달랐습니다. 물리적으로 병변을 제거하는 행위와 약물을 주입하는 등 화학적인 행위가 함께 이루어졌다면, 수술보험금을 평가할 때 소비자에게 불리하게 판단하면 안 된다는 것을 명확히 했습니다.

'경막외강신경성형술'을 받고 보험금을 청구할 예정이라면 아래 내용을 확인하세요.

① '경막외강신경성형술'이 절단이나 절제하는 방식으로

이루어지는 수술이 아니므로 보험금을 못 주겠다는 보험회사가 있으면 금융분쟁조정위원회의 조정결정 제2021 - 15호를 제시하세요. 특별한 사정이 없으면 수술보험금을 지급할 겁니다.

금 융 분 쟁 조 정 위 원 회
조 정 결 정 서

조정일자 : 2021. 9. 1.
조정번호 : 제2021 - 15호

안 건 명 경막외강 유착박리술(경피적 경막외 신경성형술)이 질병수술비에서의 수술에 해당되는지 여부

신 청 인 x

금융분쟁조정결정은 금융감독원 홈페이지에서 다음의 경로로 찾아볼 수 있습니다.

금융소비자보호 → 금융분쟁관련정보 → 분쟁조정사례 → e금융민원센터 → 민원신청 → 분쟁조정사례

② 실비보험금을 청구하는 경우라면 입원 시간에 주의해

야 합니다. '경막외강유착박리술'은 베나실, 하이푸처럼 수술하는 데 많은 시간이 필요하지 않습니다. 하지만 후유증 등을 지켜봐야 하므로 시술 후 바로 병원을 나설 수는 없습니다.

최근 백내장 수술을 받은 환자의 실비보험금 분쟁 건에 대해 내려진 대법원판결을 고려하면, 수술 후 반드시 6시간 이상 입원실에 머물며 상태를 관찰하고 그 내용에 대해 기록으로 남겨야 합니다. 그러지 않으면 보험회사는 실비보험금을 지급하되 입원의료비(보상한도 3000만 원 또는 5000만 원, 1억 원)가 아니라 통원의료비(보상한도 30만 원)로 보상하려 할 것입니다.

③ 손해보험의 '질병수술보장특약'에 가입했다면 질병수술보험금을 받을 수 있습니다. 다만 365일 동안 1질병당 1회의 수술보험금을 지급하므로 '경막외강신경성형술'에 대해서는 1년 이내에 1회의 수술보험금만 받을 수 있습니다.

보험회사는 이 수술이 약물을 주입하는 것을 트집 잡아

'천자'에 해당한다며 수술보험금 지급을 거부하려 하겠지만, 앞에서 언급한 것처럼 금융분쟁조정위원회의 조정결정 제2021 - 15호를 제시하면 해결됩니다.

④ 1~5종 수술특약에 가입했다면 '카테터에 의한 경피적 수술'을 적용해 2종 수술보험금을 받을 수 있습니다. 단, 60일 동안 여러 번 동일한 수술을 받아도 보험금은 1회만 지급됩니다.

1 ~ 5 종 수술분류표

1. 일반 질병 및 재해 치료목적의 수술

구분	수술명	수술 종류
	88. 내시경 (Fiberscope) 에 의한 내시경 수술 또는 카테터(Catheter)·고주파 전극 등에 의한 경피적 수술 [수술개시일부터 60 일 이내 2 회 이상의 수술은 1 회의 수술로 간주하여 1 회의 수술보험금을 지급하며 이후 동일한 기준으로 반복 지급이 가능합니다.]	
	88-1. 뇌, 심장	3
	88-2. 후두, 흉부장기 (심장 제외), 복부장기 (비뇨, 생식기 제외), 척추, 사지관절 (손가락, 발가락은 제외)	2
	88-3. 비뇨, 생식기 및 손가락, 발가락	1

1~5종 수술분류표 중 일부

하지정맥류 치료 목적으로 베나실(Venaseal) 치료를 받았을 때

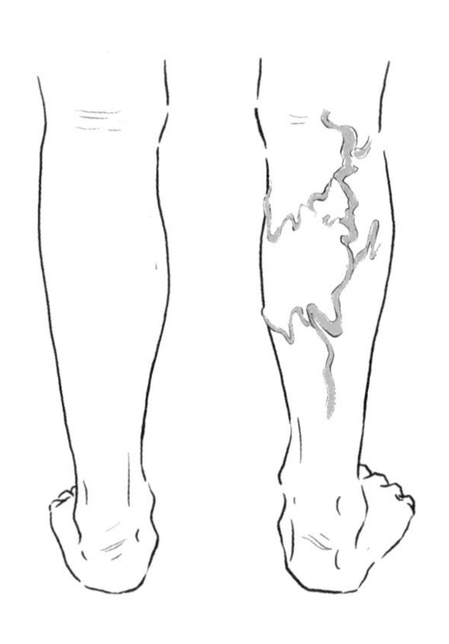

하지정맥류 환자는 증상이 심하면 수술을 받기도 합니다. 전통적인 수술 방법으로는 정맥류가 발생한 혈관을 잘라내는 '정맥류 발거술'이 있지만, 최근에는 수술 흉터를 줄이면서 정맥류를 제거할 수 있는 수술기법을 많이 사용합니다. 그래서 고주파나 레이저를 이용해 정맥류

가 발생한 혈관을 태워서 제거하는 방법을 많이 사용했습니다. 그러다가 최근에는 생체 접착제를 정맥류 안에 바른 후 압력을 가해 정맥류가 발생하는 혈관 내 공간을 붙여서 혈액이 들어가 고이지 못하게 하는 방법도 사용하고 있습니다. 이 수술에서 생체 접착제를 혈관 안까지 도달시키는 의료기구의 제품명이 '베나실'이라서 이 수술을 베나실이라고 부릅니다. 정식 명칭은 '시아노아크릴레이트를 이용한 복재정맥폐쇄술'입니다.

하지정맥류 치료 목적으로 베나실을 했는데 보험회사가 수술보험금 지급을 거부하면 아래 사항을 확인하세요.

① 베나실의 수술 방법이 '절단'과 '절제'가 아니라서 수술보험금을 못 주겠다는 보험회사가 있으면 금융분쟁조정위원회의 조정결정 제2021-22호를 제시하세요.

금 융 분 쟁 조 정 위 원 회
조 정 결 정 서

조정일자 : 2021. 11. 30.
조정번호 : 제2021 - 22호

안 건 명 시아노아크릴레이트를 이용한 복재정맥 폐색술(베나실)이 질병수술비 특약에서 보장하는 수술에 해당되는지 여부

신 청 인 X

피 신 청 인 Y손해보험㈜

또한 '절단, 절제'는 열거규정이 아니라 예시이며 '조작'의 외연으로서, '조작'은 절단, 절제와 공통적인 개념을 내포하고 있다고 볼 수 있다. 베나실의 치료 과정을 살펴보면, 정맥 내에 카테터를 삽입한 후 생체용 접착제를 주입하고 압력을 가하는 방법으로 물리적·직접적인 치료가 시행되며, 이로써 하지정맥류가 있는 정맥이 폐쇄되어 질병의 직접 원인이 된 환부가 근본적으로 제거되므로 이는 이 사건 약관의 '절단, 절제 등 조작'에 해당되는 것으로 보여진다.

- 금융분쟁조정위원회 조정결정 제2021-22호

금융분쟁조정결정은 금융감독원 홈페이지에서 다음의 경로로 찾아볼 수 있습니다.

금융소비자보호 → 금융분쟁관련정보 → 분쟁조정사례 → e금융민원센터 → 민원신청 → 분쟁조정사례

② 실비보험금을 청구하려면 입원 시간에 주의해야 합니다. 앞서 언급했듯이 베나실은 시술 자체에 시간이 많이 소요되지 않습니다. 하지만 후유증 등을 관찰해야 하므로 시술 후 얼마 동안 병원에 머물러야 합니다. 그런데 최근 백내장 수술을 받은 환자의 실비보험금 분쟁 건에 대한 대법원판결로 볼 때, 베나실 시술 후 반드시 6시간 이상 실제로 입원실에 머물면서 상태를 관찰하고 그 기록을 남겨야 합니다. 그러지 않으면 보험회사는 입원의료비(보상한도 3000만 원 또는 5000만 원, 1억 원)가 아닌 통원의료비(보상한도 30만 원)로 실비보험금을 지급하려 할 것입니다.

③ 1~5종 수술특약에 가입했다면 '23. 하지정맥류 근본수술'을 적용해서 1종 수술보험금을 지급하는 것이 적

절하다고 판단합니다. 비록 베나실 장비가 카테터와 유사하지만, 수술분류표에서 경피적 방법의 수술 항목에 대해 열거하고 있는 '88. 내시경(Fiber scope)에 의한 내시경 수술 또는 카테터(Catheter)·고주파 전극 등에 의한 경피적 수술' 항목은 사지 관절에는 적용할 수 있지만, 다리에는 적용할 수 없기 때문입니다.

1 ~ 5 종 수술분류표

1. 일반 질병 및 재해 치료목적의 수술

구분	수술명	수술종류
순환기계, 비장(脾腸)의 수술	22. 혈관관혈수술 (하지정맥류 및 손가락·발가락은 제외)	3
	23. 하지 정맥류 (靜脈瘤) 근본수술 및 손가락·발가락 혈관관혈수술	①
	24. 대동맥 (大動脈), 대정맥 (大靜脈),폐동맥 (肺動脈), 관동맥 (冠動脈) 관혈수술 [개흉술, 개복술을 수반하는 것]	5
	25. 심막 (心膜) 관혈수술 [개흉술을 수반하는 것]	4
	26. 심장내 (心藏內) 관혈수술 [개흉술을 수반하는 것]	5

만약 보험회사가 다리도 사지관절에 포함한다고 판단해서 '88. 내시경(Fiber scope)에 의한 내시경 수술 또는 카테터(Catheter)·고주파 전극 등에 의한 경피적

수술' 항목을 적용해주면 항의하지 마세요. '23. 하지정맥류 근본수술'을 적용하면 1종 수술보험금을 받지만, '88. 내시경(Fiber scope)에 의한 내시경 수술 또는 카테터(Catheter)·고주파 전극 등에 의한 경피적 수술'을 적용하면 1종 수술보험금보다 금액이 큰 2종 수술보험금을 받을 수 있습니다.

④ 손해보험의 '질병수술보장특약'에 가입했다면 질병수술보험금을 받을 수 있습니다. 다만, 365일 동안 1질병 당 1회의 수술보험금을 지급하므로 하지정맥류 치료 목적의 '베나실'은 365일 동안 1회의 수술보험금만 받을 수 있습니다.

⑤ 가입한 수술특약 약관에서 다음과 같이 '시아노아크릴레이트를 이용한 복재정맥폐쇄술'을 수술보험금 면책대상으로 정하고 있는 경우에는 수술보험금을 받을 수 없습니다.

7. 기타 수술의 정의에 해당하지 않는 수술

기타 수술의 정의에 해당하지 않는 수술(예시)

·체외 충격파 쇄석술
·창상봉합술(단, 변연절제가 포함된 창상봉합술은 보험금을 지급합니다.)
·절개 또는 배농술
·도관삽입술
·피부냉동응고술
·하지정맥류 관련 레이저정맥폐쇄술, 시아노아크릴레이트를 이용한 복재정맥폐쇄술
·IPL(Intense Pulsed Light): 아이피엘 레이저 시술
·경피적 경막외강 신경성형술
·경피적 풍선확장 경막외강 신경성형술
·치, 치은, 치근 치조골의 처치 및 시술(신경치료 발수 등의 처치 포함)
·치조골 이식술을 동반하지 않는 임플란트시술

하이푸(HIFU) 시술을 받았거나, 받기로 예정되어 있을 때

하이푸 시술은 강력한 초음파를 복부에 투과시켜서 초음파 에너지가 한곳에 모일 때 발생하는 고열로 자궁에 있는 병변을 태워 괴사시키는 치료 방법입니다. 하이푸 시술은 환자의 몸에 칼 한 번 대지 않고 자궁근종이나 자궁선근증을 치료하는 비침습적 방식의 최신 의료기술이

라 최근에 많이 행하고 있습니다. 그런데 이 시술은 국민 건강보험에서 비급여항목으로 지정되어 있어서 그 치료 비용을 해당 병원에서 자유롭게 정할 수 있습니다. 최근 전국 병원에서 책정한 하이푸 시술 비용은 수백만 원에서 1000만 원 이상까지 매우 다양합니다.

하이푸 시술을 받았거나 받으려는 분은 미리 아래 내용을 확인하세요.

① 어떤 병원에서 무료로 하이푸 시술을 해주겠다며 실비보험이 있느냐고 물어보면, 그 병원에서는 절대로 하이푸 시술을 받지 마세요. 보험사기범으로 의심받고 검찰 조사를 받을 수도 있습니다.

② 무료로 하이푸 시술을 해주겠다는 말은 하지 않지만, 교통비와 체류비를 지원하겠다거나, 병원 마케팅 이사라는 사람이 "우리 병원에서 수술하시면 병원비 일부를 돌려주겠다."와 같은 제안을 하면, 절대로 그 병원에서는 하이푸 시술을 받지 마세요. 보험사기에 관한 참고인 조사를 받거나 보험사기범으로 의심받을 수도

있습니다.

③ 브로커나 병원 측으로부터 어떤 금전적 지원도 받지 않은 상태에서 정상적으로 하이푸 시술을 받기로 했다면 수술 전에 의사에게 물어보세요. 수술에는 몇 시간이 걸리고 수술 후 얼마나 병원에 머물게 되는지. 수술 시간을 포함해서 병원에 6시간 이상 실제로 입원하지 않았다면 실비보험에서는 입원의료비가 아니라 통원의료비(보상한도 30만 원)로 보상받을 수 있습니다.

④ 하이푸 시술로 자궁근종을 제거한 경우, 1~5종 수술특약에 가입되어 있다면 수술보험금을 받을 수 있습니다. 보험회사는 보험 가입자가 자궁근종을 개복수술 또는 복강경수술을 통해서 제거하면 52번 항목을 적용해 2종 수술보험금을 지급하고, 질을 통해 수술하면 53번 항목을 적용해 1종 수술보험금을 지급해왔습니다. 그런데 관혈수술도 아니고 경질적 방법의 수술도 아닌 하이푸 시술에 대해서는 수술분류표에 정확하게 일치하는 항목이 없습니다.

1 ~ 5 종 수술분류표	
52. 자궁, 난소, 난관 관혈수술 (단, 제왕절개만출술 및 경질적인 조작은 제외)	2
53. 경질적 자궁, 난소, 난관 수술 [수술개시일부터 60 일 이내 2 회 이상의 수술은 1 회의 수술로 간주하여 1 회의 수술보험금을 지급하며 이후 동일한 기준으로 반복 지급이 가능합니다.]	1
54. 제왕절개만출술 (帝王切開娩出術)	1

1~5종 수술분류표 중 일부

그런데 해당 약관에 있는 '1~5종 수술분류표 사용 지침'을 보면 다음과 같이 수술분류표 적용 기준을 설명하고 있습니다.

> '수술'이라 함은 의사, 치과의사 또는 한의사의 면허를 가진 자가 피보험자의 질병 또는 재해의 직접적인 치료를 목적으로 필요하다고 인정한 경우로서 의료법 제3조 (의료기관)의 규정에서 정한 국내의 병원이나 의원 또는 국외의 의료관련법에서 정한 의료기관에서 의사의 관리하에 '1~5종 수술분류표'에 정한 행위(기구를 사용하여 생체에 절단(切斷), 적제(摘除) 등의 조작을 가하는 것. 보건복지부 산하 신의료기술평가위원회(향후 제도변경 시에는 동 위

원회와 동일한 기능을 수행하는 기관)로부터 안전성과 치료효과를 인정받은 최신 수술기법도 포함됩니다.)를 말하며 흡인(吸引), 천자(穿刺), 적제(滴劑) 등의 조치 및 신경 BLOCK은 제외)를 하는 것을 말합니다.

-1~5종 수술분류표 사용 지침

즉, '1~5종 수술분류표'에서 정한 생체에 절단, 적제 등의 조작을 가하는 것이 아니더라도 그런 수술기법을 대신하는 것이고 신의료기술평가위원회로부터 안전성과 치료효과를 인정받은 최신 수술기법이라면 '1~5종 수술분류표'상의 행위로 인정하겠다는 내용입니다. 그런데 자궁근종 치료 목적의 하이푸 시술은 신의료기술평가위원회에서 안전성과 치료효과를 인정받은 최신 수술기법이 맞습니다.

보건복지부 고시 제2013 - 30호

신의료기술의 안전성 · 유효성 평가결과 고시 일부개정

267. 초음파유도하 고강도초음파집속술 [자궁근종, 자궁선근증]

다. 사용대상

○ 자궁근종, 자궁선근증 환자

마. 안전성 · 유효성 평가결과

○ 초음파유도하 고강도초음파집속술[자궁근종, 자궁선근증]은 비침습적인 시술로, 주합병증이 발생하지 않았으며, 대부분 특별한 치료없이 회복되는 경미한 동통, 작열감만이 보고되어 비교적 안전한 시술임

○ 초음파유도하 고강도초음파집속술[자궁근종, 자궁선근증]은 병변 용적의 감소 및 임상증상 개선의 효과를 보임

○ 따라서, 초음파유도하 고강도초음파집속술[자궁근종, 자궁선근증]은 비침습적인 시술로, 병변부위의 감소 및 임상증상개선의 효과를 보여 안전하고 유효한 기술임

보건복지부 고시 제2013-30호

그러니 자궁근종 치료 목적의 하이푸 시술은 '1~5종 수술분류표'상 수술로 인정해야 합니다. 약관의 해석이 불분명한 경우 소비자에게 유리하게 약관을 해석해야 한다고 정하고 있는 '약관의 규제에 관한 법률'을 감안하면 '경질적 자궁수술 1종'이 아닌 '자궁 관혈수술 2종'을 적용해서 보험금을 지급하는 것이 마땅해 보입니다.

1 ~ 5 종 수술분류표	
52. 자궁, 난소, 난관 관혈수술 (단, 제왕절개만출술 및 경질적인 조작은 제외)	②
53. 경질적 자궁, 난소, 난관 수술 [수술개시일부터 60 일 이내 2 회 이상의 수술은 1 회의 수술로 간주하여 1 회의 수술보험금을 지급하며 이후 동일한 기준으로 반복 지급이 가능합니다.]	1
54. 제왕절개만출술 (帝王切開娩出術)	1

1~5종 수술분류표 중 일부

⑤ 그 외에도 손해보험회사에서 판매하고 있는 각종 수술비 특약에서는 자궁근종(D25)이 보장 대상 질병에 해당하면서 면책 조항에는 해당하지 않는다면, 그 특약에서도 역시 수술보험금을 지급해야 합니다. 하이푸 시술은 '수술의 정의'에도 들어맞으니까요.

⑥ 가입한 수술비특약 약관에서 아래처럼 '하이푸'를 수술보험금 면책 대상으로 정하고 있는 경우에는 수술보험금을 받을 수 없습니다.

⑦ 기타 수술의 정의에 해당하지 않는 시술

【기타 수술의 정의에 해당하지 않는 시술(예시)】
- 체외 충격파 쇄석술
- 창상봉합술
- 절개 또는 배농술
- 도관삽입술
- 전기소작술 또는 냉동응고술, 고주파열응고술
- 고주파 하이푸 용해술
- 하지정맥류 관련 레이저정맥폐쇄술
- IPL(Intense Pulsed Light) : 아이피엘 레이저 시술
- 경피적 경막외강 신경성형술
- 경피적 풍선확장 경막외강 신경성형술
- 치, 치은, 치근, 치조골의 처치
- 기타 이와 유사한 시술

기타 수술의 정의에 해당하지 않는 시술

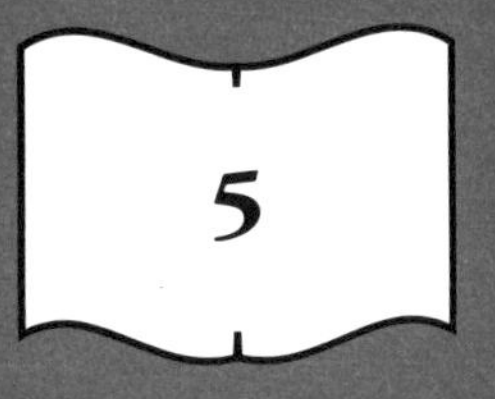

장해보험금을 청구할 때

자궁 치료 목적으로 양쪽 난소를 절제했을 때

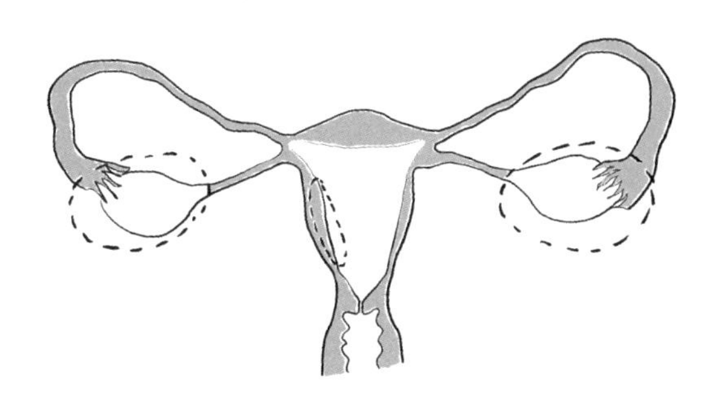

암환자들은 장기를 절제하는 수술을 많이 받습니다. 그런데 이때 암세포가 발견되지 않은 장기도 절제하는 경우가 많습니다. 보험회사들은 치료 목적이 아니라 예방 목적의 장기절제라며 보험약관상의 장해로 인정하지 않습니다. 하지만 어떤 의료행위가 예방 목적인지 암 치료 목

적으로 행해진 것인지는 절제된 신체 부위의 암세포 존재 여부만을 가지고 판단하면 안 됩니다. 질병의 특수성을 감안해 전문적인 의료학회의 진료 가이드라인을 기준으로 판단해야 합니다.

질병 또는 상해(재해)로 인해 양쪽 난소를 잃었다면 아래 내용을 검토해야 합니다.

① 하나의 상해사고(1회 발생한 사고) 또는 하나의 질병으로 인해 양쪽 난소를 잃었다면 장해지급률 50%가 인정됩니다.

② 암 등을 예방할 목적으로 난소를 절제한 경우는 장해로 인정하지 않습니다.

③ '장해'를 평가하는 데 있어서 질병이 발생한 부위와 그로 인해 훼손된 신체 부위가 같을 필요는 없습니다.

④ 어떤 의료행위가 질병을 치료할 목적인지, 예방할 목적인지는 전문적인 의료학회의 진료 가이드라인을 기

준으로 판단해야 합니다.

⑤ 어떤 의료행위가 질병의 치료 목적과 예방 목적을 겸해서 행해지면 '약관의 해석이 불분명한 경우'에 해당하므로 보험금을 평가할 때 소비자에게 유리하게 해석해야 합니다. 따라서 이럴 때는 질병의 치료 목적으로 인정합니다.

⑥ 위의 모든 조건을 종합적으로 고려했을 때 자궁의 질병을 치료하는 데 있어서 양쪽 난소를 절제하는 것이 전문적인 의료학회의 진료 가이드라인에서 그 치료 효과를 인정하는 의료행위라면, 자궁의 질병을 치료할 목적으로 양쪽 난소를 절제한 것이므로 보험약관상 장해지급률 50%가 인정됩니다.

⑦ 같은 맥락으로 보면 왼쪽 난소에 암세포가 있는데, 만약 전문적인 의료학회의 진료 가이드라인으로 봤을 때 난소에서 분비되는 에스트로겐에 노출되면 될수록 난소암이 더 활성화될 여지가 있다면, 에스트로겐 분비를 막기 위해 암세포가 없는 오른쪽 난소까지 절제

할 수 있을 것입니다. 이런 경우에도 장해지급률 50%가 인정되어야 합니다.

뼈를 잘라냈거나 뼈가 틀어져서 장해보험금을 청구할 때

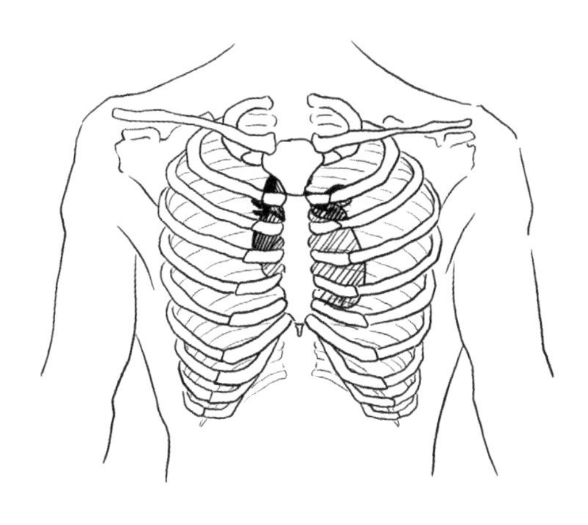

생명보험과 손해보험은 2005년 4월 이후부터 약관에 동일한 장해분류표를 사용하고 있습니다. 장해분류표에서는 골절 또는 탈구가 발생하고 치료가 끝났을 때 뼈가 정상보다 일정 각도 이상 틀어져 있는 경우를 장해로 인정합니다. 그러므로 사고 또는 질병을 치료하는 과정에서

뼈를 잘라내거나 치료가 끝난 후 뼈의 각도가 조금이라도 틀어진 상태가 되었다면 장해분류표를 꼼꼼히 검토할 필요가 있습니다.

① 장해분류표에는 뼈가 질병 또는 상해(재해)로 손상을 입어 정상 각도 대비 일정 각도 이상 틀어진 것을 장해로 인정하는 기준이 각 신체 부위별로 있습니다. 그런데 아예 뼈를 잘라낸 때라면 보험회사의 심사자조차 각도의 변형이 아니라고 생각하는 경우가 많습니다. 하지만 뼈를 잘라낸 경우는 뼈가 틀어진 것보다 더 위험한 상태이고 '각도의 변형이 360° 남은 경우'에 해당하므로 반드시 장해보험금(또는 장해지급률)을 검토해야 합니다.

② 각 신체 부위별로 뼈의 각도와 관련된 장해 중 일부분을 소개하면 다음과 같습니다.

ㄱ. 귀의 장해: 한 귀의 귓바퀴 연골부가 1/2 이상 결손난 때(장해지급률 10%).

ㄴ. 척추의 장해: 한 개 이상의 척추 골절 또는 탈구로 경도의 척추전만증, 척추후만증 또는 척추측만증 변형이 있을 때(장해지급률 15%).

ㄷ. 체간골의 장해: 빗장뼈(쇄골), 앞가슴뼈(흉골), 갈비뼈(늑골), 어깨뼈(견갑골)에 뚜렷한 기형이 남아 방사선 검사로 측정한 각(角) 변형이 20° 이상인 때(장해지급률 15%).

ㄹ. 팔의 장해: 한쪽 팔의 상완골 또는 요골과 척골에 변형이 남아 정상과 비교해 부정유합된 각(角) 변형이 15° 이상인 때(장해지급률 5%).

ㅁ. 다리의 장해: 한 다리가 5cm 이상 짧아지거나 길어진 때(장해지급률 30%).

ㅂ. 손가락의 장해: 한 손의 첫째 손가락을 잃었을 때(장해지급률 15%).

ㅅ. 발가락의 장해: 한 발의 5개 발가락을 모두 잃었을

때(장해지급률 30%).

* 위에 소개한 장해지급률 기준은 각 신체 부위에서 인정하는 각(角) 변형에 의한 장해 인정 조건 중 극히 일부에 해당하는 것인 만큼 실제로 장해지급률을 검토해야 할 상황이라면 반드시 해당 장해분류표 전체를 확인해야 합니다.

장해보험금을 청구하기 위한 장해진단 시점이 궁금할 때

장해분류표는 2005년과 2018년에 큰 폭으로 개정됐습니다. 따라서 보험가입 시점에 따라 장해분류표가 다를 수 있으니 각 신체 부위별 정확한 장해진단 시점은 소비자가 가입한 보험의 해당 장해분류표를 확인해야 합니다. 여기서는 2022년 현재 사용하고 있는 장해분류표를 기

준으로 설명하겠습니다.

① 장해지급률은 질병 또는 상해(재해)를 치료한 후 고정된 신체 상태를 가지고 평가합니다. 그런데 신체 일부가 절단되는 장해는 바로 그날 장해지급률을 평가할 수 있습니다. 접합수술을 할 수 없는 상태라면 시간이 지난다고 절단된 신체 부위가 다시 회복될 수 없기 때문입니다. 그래서 이럴 때 장해진단은 사고 직후 내릴 수 있습니다.

② 신경계(뇌, 척수, 말초신경)에 질병이 발생하거나 그 부위를 다치면 치료한 후 장해가 고정되기까지 5년, 10년 이상 긴 시간이 필요할 수도 있습니다. 이럴 때는 예외적으로 질병의 진단확정일 또는 사고발생일로부터 180일이 되는 날에 받은 장해진단을 인정합니다.

③ 만약 질병의 진단확정일 또는 사고발생일로부터 180일이 되는 날에 장해진단을 받지 못했다면 언제 장해진단을 받아야 할까요? 만약 그 경우 보험기간 중에 장해분류표에서 정한 '장해상태'이기만 하다면 장해진단

은 언제 받아도 무방합니다. 심지어 보험계약의 효력이 없어진 이후(만기, 실효, 해약 등)에 장해진단을 받아도 인정됩니다.

④ 보험기간 중에 장해진단을 통해 장해지급률이 확정됐는데 그 후 장해상태가 더 심해진 경우라면, 그 심해진 장해상태를 기준으로 다시 장해지급률을 평가할 수 있습니다. 이때 최초 장해진단을 통해 장해보험금을 받았다면, 그 이후 악화한 장해상태에 따라 추가로 장해보험금을 받을 수 있습니다.

⑤ 보험기간 중에 장해지급률이 확정됐는데 그 후 보험계약의 효력이 없어진 이후에 장해상태가 더 심해진 경우에는, 사고발생일 또는 질병의 진단확정일로부터 2년 이내(보험기간이 10년 이상인 계약의 경우)에 더 심해진 장해상태에 대해서 추가로 장해지급률을 인정하고 보험금을 지급합니다.

⑥ 해당 보험계약의 각 신체 부위별 장해분류표에서 정한 '장해진단 시기'에 대한 특별한 기준이 있는 때에는

일반 기준이 아닌 해당 신체 부위의 기준을 따릅니다.

예)

눈의 장해: 안구의 운동 장해판정은 질병 또는 외상 후 1년 이상 지난 뒤 그 장해 정도를 평가한다.

신경계의 장해: 뇌졸중, 뇌 손상, 척수 및 신경계의 질환 등은 발병 또는 외상 후 12개월 동안 지속해서 치료한 후에 장해를 평가한다.

치매보험금을 청구할 때

치매는 사고로 뇌를 다쳐서 그 후유증으로 발생할 수도 있으니 알츠하이머나 뇌출혈, 뇌경색이 발생했을 때만 고려하면 안 됩니다. 보험약관에서는 각종 질병이나 사고로 뇌 조직에 손상이 와서 예전 수준의 일상생활을 할 수 없는 장해상태를 '치매'로 인정합니다. 그래서 '치매'는 진단

자체에 대한 보험금 외에도 재해장해보험금 또는 질병장해보험금 청구를 검토해야 합니다.

① 2019년 10월 1일 이전에 치매보험에 가입한 경우라면 보험회사는 약관을 근거로 영상학적 검사 결과에 치매 소견이 보이지 않는다며 치매 관련 보험금 지급을 거부할 수 없습니다. 해당 약관은 그 오류가 인정되어 금융감독원이 '감독행정'을 통해 치매보험금 심사에 적용하지 말 것을 지시했습니다.

치매보험금 지급관련 유의사항 안내

2. 감독행정의 내용

○ 치매 진단요건으로 **'뇌영상검사결과상 이상소견이 없다는 이유'** 또는 **'치매상태에 해당하는 질병이 약관상 특정 치매 질병코드(F·G 등)에 해당하지 않는다는 이유'**를 적용하여 **보험금 지급**을 거절하지 않도록 **보험금 지급업무에 만전**을 기해주시기 바람

금융감독원 감독행정작용 2019. 07. 11

② 2019년 10월 1일 이후에 치매보험에 가입했다면, 금융감독원의 감독행정작용 덕분에 엉터리 약관으로 피

해를 보는 일은 없을 것입니다. 그런데 치매 관련 보험금을 받으려면 결국 의사에게 치매 진단을 받아야 합니다. 치매 진단은 환자에 대한 다양한 검사와 진료 외에 보호자의 진술도 중요하게 인정됩니다. 과거와 비교해 얼마나 일상생활을 영위하는 데 문제가 있는지 확인해줄 수 있는 사람은 환자 본인이 아니라 환자와 일상을 살아가는 환자의 보호자이기 때문입니다.

③ '치매'는 생명보험과 손해보험 약관에서 장해로 인정하고 있으므로 가입한 보험증권과 약관을 꼼꼼히 확인해서 보험금을 검토해야 합니다. 치매의 원인에 따라 재해(상해)장해보험금, 질병장해보험금 그리고 장해지급률에 따라 결정되는 보험료 납입면제 해당 여부도 확인해야 합니다.

13. 신경계·정신행동 장해

가. 장해의 분류

장해의 분류	지급률
1) 신경계에 장해가 남아 일상생활 기본동작에 제한을 남긴 때	10~100
2) 정신행동에 극심한 장해를 남긴때	100
3) 정신행동에 심한 장해를 남긴 때	75
4) 정신행동에 뚜렷한 장해를 남긴 때	50
5) 정신행동에 약간의 장해를 남긴 때	25
6) 정신행동에 경미한 장해를 남긴 때	10
7) 극심한 치매 : CDR척도 5점	100
8) 심한치매 : CDR척도 4점	80
9) 뚜렷한 치매 : CDR 척도 3점	60
10) 약간의 치매 : CDR 척도 2점	40
11) 심한 간질발작이 남았을 때	70
12) 뚜렷한 간질발작이 남았을 때	40
13) 약간의 간질발작이 남았을 때	10

장해분류표 중 13. 신경계정신행동 장해

④ 치매보험 가입 시기와 상관없이 '지정대리청구인'을 잘 지정해야 합니다. 치매보험에 가입한 사람이 치매 상태가 되었다고 가정하겠습니다. 그때 치매 상태가 심각하다면, 본인이 본인의 치매보험금을 제대로 청구하기 힘들고, 청구해서 받았다고 하더라도 그 보험금으로 자신의 삶을 온전히 관리하기 어렵습니다. 그래서 치매보험 약관을 보면 '지정대리청구서비스에 관한 사항'을 설명하고 있습니다.

제10조(지정대리청구서비스에 관한 사항)

[1] 이 계약의 계약자, 피보험자 및 보험수익자가 모두 동일한 경우에 한하여 적용됩니다.

[2] 계약자는 계약을 체결할 때 또는 계약을 체결한 이후 보험기간 중에 다음의 어느 하나에 해당하는 자 중 1명을 보험금의 대리청구인(이하「지정대리청구인」이라 합니다)으로 지정할 수 있습니다. 또한, 지정대리청구인은 제4항에 따른 변경지정 또는 보험금을 청구할 때에도 다음의 어느 하나에 해당하여야 합니다.

① 피보험자와 동거하거나 피보험자와 생계를 같이 하고 있는 피보험자의 가족관계등록부상 또는 주민등록상의 배우자

② 피보험자와 동거하거나 피보험자와 생계를 같이 하고 있는 피보험자의 3촌 이내의 친족

[3] 제2항에도 불구하고, 지정대리청구인이 지정된 이후에 이 계약의 보험수익자가 변경되는 경우에는 이미 지정된 지정대리청구인의 자격은 자동적으로 상실된 것으로 봅니다.

[4] 계약자는 계약체결 이후 다음의 서류를 제출하고 지정대리청구인을 변경 지정할 수 있습니다. 이 경우 회사는 변경지정을 서면으로 알리거나 보험증권의 뒷면에 기재하여 드립니다.

① 지정대리청구인 변경신청서(회사양식)

② 지정대리청구인의 주민등록등본, 가족관계등록부(기본증명서 등)

③ 신분증(주민등록증이나 운전면허증 등 사진이 붙은 정부기관 발행 신분증, 본인이 아닌 경우에는 본인의 인감증명서 또는 본인서명사실확인서 포함)

[5] 지정대리청구인은 제7항에 정한 구비서류를 제출하고 회사의 승낙을 얻어 이 계약의 보험수익자의 대리인으로서 보험금(사망보험금 제외)을 청구하고 수령할 수 있습니다.

손해보험사의 치매보험 약관

지정대리청구인 제도는 치매보험에 가입한 소비자가 치매 상태가 되어 스스로 보험금을 제대로 받을 수 없다는 점을 고려해서, 보험에 가입한 소비자 대신 보험금을 청구하고 수령할 사람을 미리 정해 놓는 제도입니다. 그러므로 치매의 특성을 고려하면 치매보험에 가입할 때 신중하게 고민해서 지정대리청구인을 정해야 합니다. 지정대리청구인을 변경할 때도 마찬가지입니다.

6

암보험금을 청구할 때

암진단보험금을 청구할 때

암보험금을 청구하는 소비자 입장에서는 의사에게 받은 진단서의 내용대로 암보험금이 지급될 거라고 생각합니다. 하지만 대부분의 경우 보험회사는 환자를 직접 진료한 의사의 진단을 무시하고 병리과 의사의 시각으로 암보험금을 판단합니다. 그래서 소비자와 보험회사 간에 암

보험금을 둘러싼 분쟁이 다수 발생하고 있습니다.

암보험금을 청구하려는 소비자라면 아래 내용을 확인해보기를 권합니다.

① 주치의의 진단과 병리과 의사의 의견이 같은 경우라면 별다른 문제가 없습니다. 진단서에 적힌 질병명과 해당 약관에 있는 질병분류코드에 맞게 보험금은 지급될 것입니다. 그러므로 만약 암진단을 받아서 보험금을 청구하려 한다면, 제일 먼저 할 일은 가입한 보험약관에서 '대상이 되는 악성 신생물 분류표'(각 보험 계약마다 내용이 다를 수 있음)를 찾아 진단서에 적혀 있는 질병명과 질병코드가 그 분류표에 포함되는지 먼저 확인해봐야 합니다.

대상이 되는 악성신생물 (암) 분류표 (“기타피부암”, “갑상선암”, “대장점막내암” 및 “유방암 또는 남녀생식기관련암” 제외)

① 약관에 규정하는 악성신생물 (암) 로 분류되는 질병은 제 8 차 개정 한국표준질병・사인분류 (통계청 고시 제2020-175호, 2021.1.1시행) 중 다음에 적은 질병을 말하며, 이후 한국표준질병・사인분류가 개정되는 경우에는 개정된 기준에 따라 이 약관에서 보장하는 악성신생물 (암) 해당 여부를 판단합니다.

대상악성신생물(암)	분류번호
1) 입술, 구강 및 인두의 악성신생물(암)	C00-C14
2) 소화기관의 악성신생물(암)	C15-C26
3) 호흡기 및 흉곽내 기관의 악성신생물(암)	C30-C39
4) 골 및 관절연골의 악성신생물(암)	C40-C41
5) 피부의 악성 흑색종	C43
6) 중피성 및 연조직의 악성신생물(암)	C45-C49
7) 요로의 악성신생물(암)	C64-C68
8) 눈, 뇌 및 중추신경계통의 기타 부분의 악성신생물(암)	C69-C72
9) 부신의 악성신생물(암)	C74
10) 기타 내분비선 및 관련 구조물의 악성신생물(암)	C75
11) 불명확한 이차성 및 상세불명 부위의 악성신생물(암)	C76-C80
12) 림프, 조혈 및 관련조직의 악성신생물(암)	C81-C96
13) 독립된 (원발성) 여러 부위의 악성신생물(암)	C97
14) 진성 적혈구 증가증	D45
15) 골수 형성이상 증후군	D46
16) 만성 골수증식 질환	D47.1
17) 본태성 (출혈성) 혈소판혈증	D47.3
18) 골수섬유증	D47.4
19) 만성 호산구성 백혈병 [과호산구증후군]	D47.5

암보험금 지급 대상으로 정하고 있는 질병명과 질병코드를 열거하고 있는 분류표

② 주치의의 진단과 병리과 의사의 의견이 다르고, 그것이 직장유암종 또는 방광암과 관련된 분쟁이라면 대법원 판결문(대법원 2018. 7. 24. 선고 2017다256828 판결)과 분쟁조정결정문(금융분쟁조정위원회 2019. 7. 23. 조정결정 제2019-5호)을 제시하면서 보험금을 청구하세요.

대법원 판결문은 '국가법령정보센터'에서 검색해서 내려받을 수 있고, 분쟁조정결정문은 금융감독원이 운영하는 금융소비자정보포털 '파인'에서 찾아볼 수 있습니다.

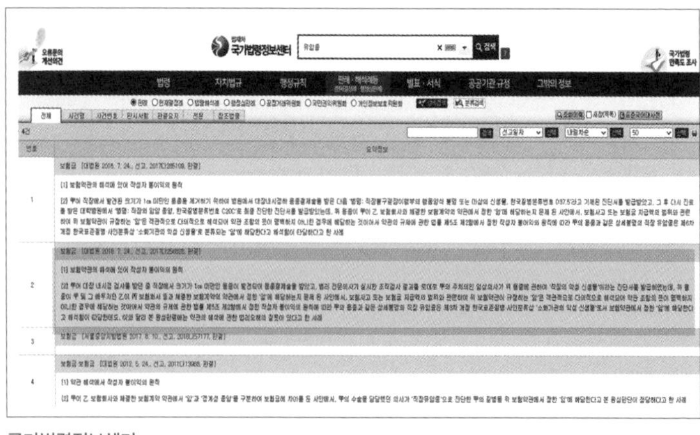

국가법령정보센터

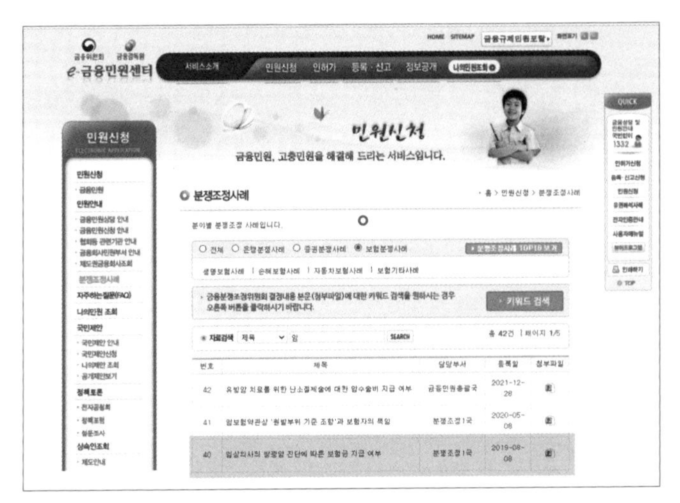

금융소비자정보포털 '파인'

③ 주치의의 진단과 병리과 의사의 의견이 다르고, 그것이 직장유암종 또는 방광암과 관련된 분쟁이 아니라면, 현재까지의 판례를 참고했을 때 병리과 의사의 의견대로 보험금이 지급됩니다. 이런 경우 주치의가 작성한 진단서의 질병명과 코드는 보험회사에 의해 무시될 수 있습니다.

④ 모든 보험금 청구가 마찬가지인데, 암보험금 청구도 새로운 판례로 인해 상황은 또 바뀔 수 있습니다. 보

험회사가 암보험금 지급을 거부한다고 하더라도 바로 포기하지 말고 손해사정사 또는 보험전문 변호사와 상의하세요.

암진단을 받은 뒤
질병분류코드가 개정됐을 때

우선, 가입한 보험의 약관에서 암진단 특약이나 소액암(경계성종양 또는 제자리암)진단 특약의 관련 분류표를 찾아서 다음과 같은 방식으로 확인하세요. 질병분류코드가 개정된 것과 암보험금 지급 기준과의 관계는 2020년 4월 1일 이전 계약인지 그 이후 계약인지에 따라 크게 달라

집니다.

1. 가입한 보험계약이 2020년 4월 1일 이전 계약일 때

대상이 되는 악성신생물(암) 분류표

(기타피부암, 갑상선암 및 대장점막내암 제외)

약관에 규정하는 악성신생물(암)로 분류되는 질병은 제7차 한국표준질병·사인분류(통계청 고시 제2015-309호, 2016.1.1. 시행) 중 다음에 적은 질병을 말합니다.

대상이 되는 악성신생물(암)	분류번호
1. 입술, 구강 및 인두의 악성신생물	C00 ~ C14
2. 소화기관의 악성신생물	C15 ~ C26
<중략>	
22. 만성 호산구성 백혈병[과호산구증후군]	D47.5

주) 1. 제8차 개정 이후 한국표준질병·사인분류에서 상기 질병 이외에 추가로 상기 분류번호에 해당하는 질병이 있는 경우에는 그 질병도 포함하는 것으로 합니다.

2020년 4월 1일 이전까지 판매된 암진단특약 약관

① 한 번 소액암(경계성종양 또는 제자리암)으로 진단받고 보험금까지 받았는데, 그 후 한국표준질병·사인분류가 개정되면서 병원에서 새롭게 암이라는 진단서를 받았다면, 약관에 있는 암분류표에는 해당이 없지만 개정된 최신 한국표준질병·사인분류에서 암에 해당하므로 보험회사는 암보험금을 지급해야 합니다. 만약 이때 먼저 받은 소액암 진단보험금이 있다면 암진

단보험금에서 그 금액만큼 차감하고 보험금을 지급합니다.

② 이때 추가로 발생한 암진단보험금의 청구권 소멸시효는 한국표준질병·사인분류가 개정된 날부터 진행하므로, 그날부터 3년 이내에 암보험금을 청구하지 않으면 보험금청구권 소멸시효가 완성되어서 보험회사는 보험금을 지급할 의무가 없습니다.

③ 보험 가입 당시 약관의 암분류표에 포함되는 질병이지만, 진단받은 당시 통용되는 최신 개정된 한국표준질병·사인분류에서는 암이 아니라 경계성종양 또는 제자리암으로 분류하는 질병이라 하더라도 보험회사는 가입 당시 약관대로 암보험금을 지급해야 합니다.

2. 가입한 보험계약이 2020년 4월 1일 이후 계약일 때

① 2020년 4월 1일부터 모든 보험회사 약관에서 암, 경계성종양, 제자리암 등의 분류표가 위와 같이 개정되

었습니다. 가입 당시 보험약관의 암분류표에 반영된 한국표준질병·사인분류가 아니라 진단받은 당시 통용되는 최신의 한국표준질병·사인분류를 기준으로 암보험금 지급 여부를 판단합니다.

대상이 되는 악성신생물 (암) 분류표
("기타피부암" , "갑상선암" , "대장점막내암" 및 "유방암 또는 남녀생식기관련암" 제외)

① 약관에 규정하는 악성신생물 (암) 로 분류되는 질병은 제 8 차 개정 한국표준질병·사인분류 (통계청 고시 제2020-175호, 2021.1.1시행) 중 다음에 적은 질병을 말하며, 이후 한국표준질병·사인분류가 개정되는 경우에는 개정된 기준에 따라 이 약관에서 보장하는 악성신생물 (암) 해당 여부를 판단합니다.

대상악성신생물(암)	분류번호
1) 입술, 구강 및 인두의 악성신생물(암)	C00-C14
2) 소화기관의 악성신생물(암)	C15-C26

18) 골수섬유증	D47.4
19) 만성 호산구성 백혈병 [과호산구증후군]	D47.5

② 진단 당시의 한국표준질병·사인분류에 따라 이 약관에서 보장하는 질병에 대한 보험금 지급여부가 판단된 경우, 이후 한국표준질병·사인분류 개정으로 질병분류가 변경되더라도 이 약관에서 보장하는 질병 해당 여부를 다시 판단하지 않습니다.

2020년 4월 1일 이후 판매하고 있는 암진단특약 약관

② 그런데 종전과 달리 한 번 보험금 지급 여부를 판단한 때에는 그 후 한국표준질병·사인분류가 개정되었다고 하더라도 다시 보험금을 평가하지 않습니다. 즉, 추가로 보험금을 받을 수 없습니다.

암에 대한 직접 치료가 아니라며 보험회사가 보험금 지급을 거부할 때

암환자가 받은 치료에 대해서 보험회사들은 '암에 대한 직접적인 치료'가 아니라며 보험금 지급을 거부하는 경우가 많습니다. 보험회사들은 암 치료가 축구 시합에서 볼 수 있는 프리킥과 같다고 생각하는 것 같습니다. '직접'과 '간접'을 나누니까요. 암환자들은 암 때문에도 힘들지만,

보험회사 때문에 더 고통받고 있습니다.

2019년 1월 1일부터 암보험 약관에 반영된 각급 법원의 판결문, 그리고 금융감독원의 입장을 종합해서 판단하면 다음과 같이 조언할 수 있습니다.

① 의학적으로 안정성과 유효성이 입증되지 않은 치료 방법, 그리고 암 치료로 발생한 후유증이나 합병증의 치료는 '암에 대한 직접적인 치료'로 인정하지 않기에 관련 보험금을 지급하지 않습니다.

② 그런데 계속 암 치료를 받기 위해서 이 후유증 또는 합병증을 치료해야 한다면, 그 치료 역시 '암에 대한 직접적인 치료'로 인정합니다. 이 부분을 조금 쉽게 설명하자면, 항암 방사선 치료나 항암 화학 치료 등 암에 관한 치료가 예정된 환자인데 합병증이 심해서 몸에 기력이 없습니다. 이런 상태로는 항암 치료를 받을 수 없으므로 병원에 입원해서 체력을 회복한 후 항암 치료를 하는 사례가 많습니다. 이런 상황에도 암입원보험금을 지급하겠다는 뜻입니다.

③ 항암 방사선 치료, 항암 화학 치료는 '암에 대한 직접적인 치료'로 인정해서 관련 보험금을 지급합니다.

④ 의학적으로 안정성과 유효성이 입증된 것이라면 암의 제거 또는 증식 억제를 위한 면역 치료도 '암에 대한 직접적인 치료'로 인정합니다.

⑤ 암의 제거 또는 증식 억제 치료를 받기 위해 필수적인 면역력 강화 치료도 '암에 대한 직접적인 치료'로 인정합니다.

⑥ 「호스피스·완화의료 및 임종 과정에 있는 환자의 연명의료 결정에 관한 법률」에서 정하고 있는 말기 암 환자가 입원해서 치료를 받을 때, 그 치료가 암을 제거하거나 증식을 억제하지 않는다고 해도 해당 환자의 입원은 「암 등의 질병에 대한 직접적인 치료」로 인정합니다.

예방 목적의 장기절제라며 보험회사가 암수술보험금 지급을 거부할 때

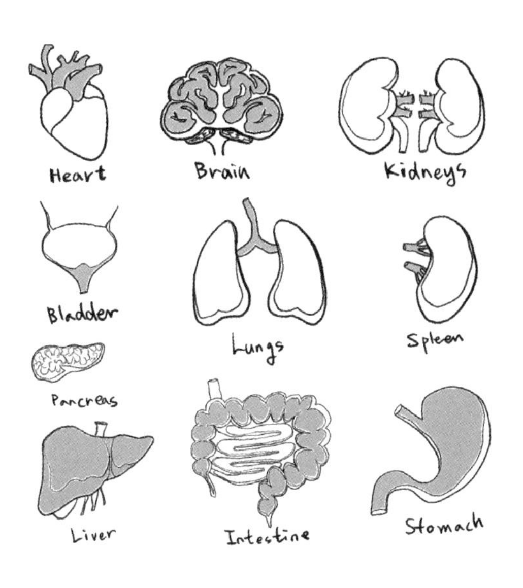

암환자가 암세포가 확인되지 않은 신체 부위를 절제하는 경우, 보험회사들은 무조건 암의 전이를 예방할 목적의 장기절제라며 암수술보험금을 지급하지 않습니다. 하지만 의학이 계속 발전하면서 암세포가 없는 신체 부위를 절제하는 것이라 하더라도 해당 암의 특성상 암 치료효과

가 인정되는 예도 있음이 속속 밝혀지고 있습니다. 그리고 각종 의료학회의 진료 가이드라인에도 이런 내용이 반영되고 있지만, 보험회사들이 이런 사실을 인정하지 않고 암수술보험금 지급을 거부하므로 다양한 분쟁이 계속되고 있습니다.

암환자가 암을 치료할 목적으로 암세포가 발견되지 않은 장기를 절제했다면 먼저 아래 내용을 검토해 보세요.

① 암을 예방할 목적으로 장기를 절제하는 경우가 맞다면 암수술보험금을 받을 수 없습니다.

② 해당 수술이 예방 목적인지 치료 목적인지는 의사마다 생각이 다를 수 있으니 일단 주치의의 견해를 기준으로 판단하세요.

③ 예방 목적과 치료 목적을 겸해서 이루어진 수술이라면 보험회사는 치료 목적의 수술로 인정해야 합니다.

④ 암을 제거하는 수술, 암의 증식을 억제하기 위한 수술,

암 자체 또는 암의 성장으로 인하여 직접 발현되는 중대한 병적 증상을 호전시키기 위한 수술도 '암의 치료를 직접 목적으로 하는 수술'로 인정됩니다.

⑤ 암세포가 발견되지 않은 부위를 수술했다고 하더라도 그것이 해당 암 치료에 효과적이라는 전문적인 의료학회의 진료 가이드라인에 부합하는 것이라면, 암수술보험금을 지급해야 한다는 조정결정(금융분쟁조정위원회 조정결정서 제2021-21호 2021. 11. 30.)도 있습니다.

원발부위가 아니라며 보험회사가 암진단보험금 지급을 거부할 때

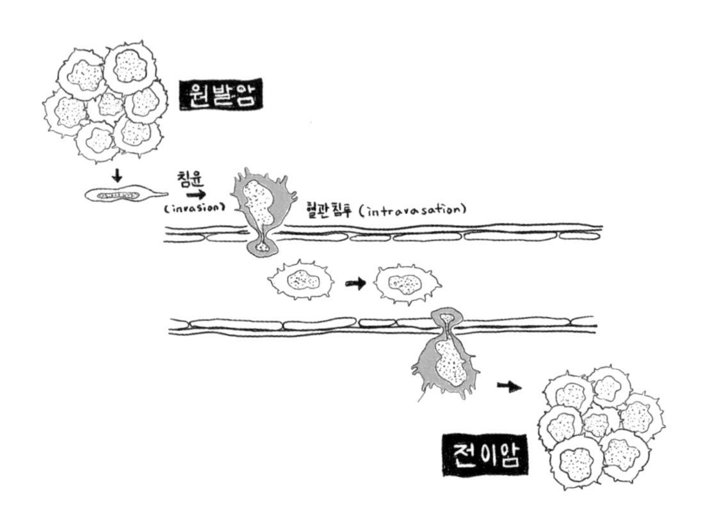

금융감독원의 결정으로 2011년 4월부터 모든 생명보험과 손해보험의 암보험(암특약)약관에 아래와 같은 '유의사항'이 추가되었습니다. 금융감독원과 각급 법원은 이것을 '원발부위 기준 분류 규정'이라고 부릅니다. 이 규정 때문에 암보험금을 받지 못한 소비자와 보험회사 사이에

많은 분쟁이 발생하고 있습니다.

유의사항

한국표준질병사인분류 지침서의 '사망 및 질병이환의 분류번호 부여를 위한 선정준칙과 지침'에 따라 C77~C80(이차성 및 상세불명 부위의 악성신생물(암))의 경우 일차성 악성신생물(암)이 확인되는 경우에는 원발부위(최초 발생한 부위)를 기준으로 분류합니다.

2011년 4월 이후 암보험(암특약)에 가입한 소비자라면 되도록 '소액암(보험금을 상대적으로 적게 지급하는 암)'의 범위가 넓지 않은 암보험에 가입해야 합니다. '원발부위 기준 분류 규정'이 약관에 포함되어 있기 때문인데요. 이 규정에서는 최초 발생한 암을 일차암, 그로부터 전이된 암을 이차암이라고 합니다. 이 규정이 들어 있는 암보험은 일차암이 '소액암'이고 이차암이 '암'인 경우 일차암인 소액암에 대해서만 보험금을 지급하고 이차암에 대해서는 보험금을 지급하지 않습니다.

암보험금을 청구했는데 원발부위가 아니라며 보험회사가 암보험금 지급을 거부할 때는 아래 내용을 참고해서 대응하세요.

① 암보험(암특약)의 계약 일자가 2011년 4월 1일 이전인지 이후인지부터 확인하세요. 만약 계약 일자가 2011년 4월 1일 이전이고 해당 약관에 '원발부위 기준 분류 규정' 또는 그와 유사한 규정이 없다면, 일차암과 이차암이 동시에 진단되었을 때 보험회사는 일차암과 이차암 각각에 해당하는 보험금을 모두 지급해야 합니다.

② 암보험(암특약)의 계약 일자가 2011년 4월 1일 이전이고 해당 약관에 '원발부위 기준 분류 규정' 또는 그와 유사한 규정이 없다면, 갑상선암 등 소액암 진단을 받은 뒤 그 후 이차암으로 폐암 진단을 받으면 최초 소액암 진단을 받았을 때 그에 해당하는 보험금이 지급되고, 그 뒤 폐암 진단을 받았을 때는 '암진단보험금'에서 먼저 지급된 '소액암 진단보험금'을 뺀 나머지 보험금을 지급합니다.

③ 2011년 4월 1일 이전에 체결된 보험계약이라 하더라도 일부 보험회사는 2009년 이후 판매한 보험상품의 약관에 '원발부위 기준 분류 규정'과 유사한 규정('갑상선암에서 전이된 림프암은 갑상선암으로 봅니다'라는 규정)이 들어 있습니다. 만약 가입한 암보험(암특약)에 이런 규정이 있다면, 그리고 갑상선암과 그로부터 전이된 림프암이 동시에 진단된 경우라면, 보험회사는 약관을 근거로 제시하며 갑상선암에 대한 보험금만 지급할 겁니다. 그럴 때 소비자는 보험회사에 설명의무 위반을 주장해야 합니다. 보험가입 당시에는 이런 중요한 내용이 약관에 있는지 몰랐고, 설명을 들은 적도 없음을 주장해야 합니다. 당시에는 상품설명서에 '원발부위 기준 분류 규정' 또는 그와 유사한 규정이 들어가기 전이라서 보험회사로서는 설명의무 위반이 아님을 증명할 수 없습니다. 그러므로 갑상선암과 림프암 각각에 해당하는 보험금 모두를 지급해야 합니다.

④ 2011년 4월 1일 이후에 체결된 보험계약이라면 가입 당시 작성한 상품설명서에 '원발부위 기준 분류 규정'이 들어 있는지 확인해야 합니다. 보험회사는 당시 소

비자 서명이 들어간 상품설명서의 원본을 보관하고 있으므로 소비자가 팩스 또는 이메일로 보내달라고 하면 보내줘야 합니다. 보험 가입 당시 상품설명서를 확인해서 '원발부위 기준 분류 규정'이 들어 있지 않다면, 약관에 '원발부위 기준 분류 규정'이 들어 있다 하더라도 보험회사가 설명의무를 이행했음을 증명할 수 없으므로 소비자와 체결한 보험계약에 '원발부위 기준 분류 규정'을 적용할 수 없습니다. 따라서 '소액암'과 '암'을 동시에 진단받았다 하더라도 차액이 아닌 각각에 해당하는 보험금을 모두 지급해야 합니다.

⑤ 전화 통화로 가입한 암보험이거나 카드회사를 통해 가입한 암보험이라면, 보험설계사와 대면해서 보험계약을 체결하지 않으므로 전화로 상품설명서의 내용을 빠른 속도로 읽어주고 소비자가 이해했다는 답변을 하면 그걸 녹음해서 상품설명서 설명 확인을 대신합니다. 이 회사들이 전화로 읽어주는 상품설명서에 '원발부위 기준 분류 규정'이 들어간 시점이 대부분 2020년 1월입니다. 그러니 전화 통화나 카드회사를 통해 가입한 암보험이라면 보험금을 청구했을 때 보험금 심사

담당자가 일차암에 대해서만 보험금을 지급하겠다고 안내하면, 계약 체결 당시에 통화를 녹음한 파일을 보내달라고 하세요. 대부분은 녹음 파일을 보내지 않고 일차암과 이차암 각각의 보험금을 보내옵니다. 설명의무를 이행했다는 증거가 없기 때문입니다.

⑥ 2011년 4월 1일 이후에 체결된 보험계약이고 가입 당시 작성한 상품설명서에 '원발부위 기준 분류 규정'이 들어 있는 경우라면, 일차암에 해당하는 보험금만 받을 수 있고 일차암에서 전이된 이차암에 대해서는 보험금을 받을 수 없습니다.

재발암에 대해 보험회사가 암진단보험금 지급을 거부할 때

과거 암으로 진단받고 치료받은 사람들이 그 후 5년이 지나는 동안 암이 재발하지 않고 건강하게 생활하는 예가 늘어나고 있습니다. 하지만 이 사람들은 또다시 암이 재발할까 봐 항상 불안해합니다. 그래서 다시 암보험에 가입하고 싶지만, 선뜻 암보험 가입을 결정하지는 못합니

다. 나중에 만약 암이 재발하면 보험회사가 순순히 암보험금을 줄 것이라는 확신이 없기 때문입니다.

암에 대한 치료가 끝났고, 그로부터 5년이 지나서 보험 청약서에서 요구하는 고지사항에 해당하는 내용도 없지만, 나중에 보험금 받는 것이 불안해서 암보험에 가입하지 못하고 있는 분들은 아래 내용을 꼭 확인하세요.

① 최근 5년간 암에 대한 어떠한 치료도 없이 추적 관찰만 받은 사람이라면 암에 대한 치료 이력을 고지하지 않고도 또다시 암보험에 가입할 수 있습니다. 그래도 고지의무 위반이 아닙니다.

② 다만, 암보험금을 한 번 지급했던 보험회사는 당연히 소비자의 암 치료 이력을 알고 있으므로 새로운 보험계약을 인수하려 들지 않습니다. 그러니 다양한 보험회사에 인수심사를 의뢰해야 합니다. 약관까지 정확히 알고 있는 전문 보험설계사의 도움을 받으세요.

③ 그렇게 새로 보험에 가입했는데 5년 전 암이 재발했다

면 걱정하지 마세요. 새로운 보험의 암보장개시일(90일) 이후에 진단받기만 했다면 보험회사는 암보험금을 지급해야 합니다. 전 생애 최초로 진단된 암만 보장하는 규정이 암보험 약관에 없기 때문입니다.

2007년 4월 이전, 약관에 '최초' '처음으로'라는 표현이 들어 있는 암진단특약에 가입한 경우라도 걱정하지 마세요. 금융감독원조차 불합리한 약관이라고 인식하고 약관을 개선한 것인 만큼, 보험회사가 약관을 핑계로 보험금 지급을 거부하면 금융감독원에 적극적으로 민원을 접수하거나 금융분쟁조정을 신청하세요.

④ 암이 재발하면 보험회사와 분쟁이 벌어질까 봐 걱정되는 사람은 유병자보험(간편심사보험)에 가입하세요. 유병자보험은 과거에 암 등 중증질환을 앓았던 사람도 보험에 가입할 수 있도록 만든 상품입니다. 다만 해당 유병자보험(간편심사보험)의 고지의무는 반드시 지켜야 합니다.

7

사망보험금을 청구할 때

자살 관련 보험금을 청구할 때

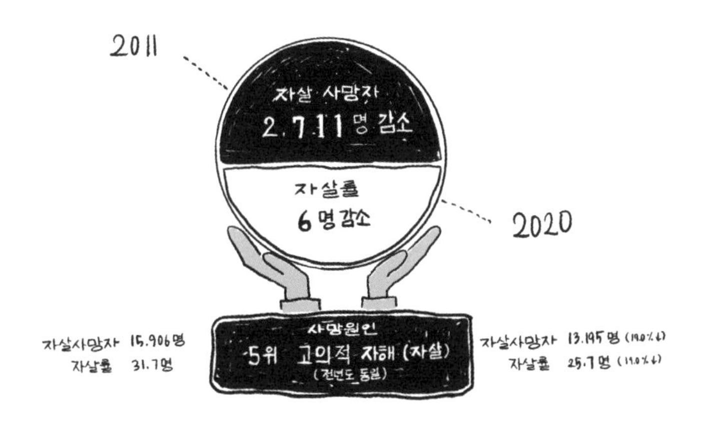

자살은 한국인의 사망원인 5위를 차지하고 있을 정도로 심각한 사회문제입니다. 매우 안타까운 일인데요. 자살과 관련한 사망보험금에도 소비자가 모르면 못 받는 보험금이 있습니다.

가족이 자살한 경우나 주변 지인이 자살한 경우, 아래 내용을 꼼꼼히 확인해서 받을 수 있는 보험금이 있다면 제대로 청구하기 바랍니다.

① 생명보험은 계약일로부터 2년이 지난 이후라면 피보험자가 고의로 목숨을 스스로 끊어 사망했다고 하더라도 일반사망보험금을 지급합니다. 잊지 말고 청구하세요.

② 손해보험은 고의적인 자살에 대해서는 계약일로부터 몇 년이 지났다고 해도 사망보험금을 지급하지 않습니다.

③ 하지만 생명보험이든 손해보험이든 그 자살이 심신상실에 의한 자살이었음이 인정되면, 계약일로부터 2년이 지나지 않았다 하더라도 사망보험금을 지급합니다. 생명보험은 일반사망보험금과 함께 재해사망보험금(재해사망특약에 가입된 경우)을 지급하고, 손해보험은 상해사망보험금을 지급합니다.

④ 심신상실이라는 개념은 매우 복잡하고 그 판단은 대부분 법원에서 내리게 되므로 보험회사가 '재해사망(또는 상해사망)'이 아니라 단순 자살이라고 주장하더라도 쉽게 포기하면 안 됩니다. 전문 손해사정사나 변호사와의 상담을 통해서 보험금 청구를 진행하세요.

⑤ 2021년에 나온 대법원판결 덕분에 우울증 등으로 병원에서 치료받은 기록이 남아있다면 자살 사고가 벌어진 당일 행동이 평소와 다른 점이 없었다거나, 자살을 실행한 방법이 준비가 필요했다는 정황만으로는 심신상실에 의한 사망이 부정되지 않으니 보험회사 측 주장에 휘둘리면 안 됩니다.

⑥ 특별한 경우가 아니라면 사망보험금의 청구권 소멸시효(3년) 기산점은 피보험자가 사망한 때입니다. 이때 수익자가 보험계약의 존재 여부를 몰랐거나, 심신상실이라는 개념을 몰랐거나, 보험약관을 해석할 능력이 없었다는 등의 사정은 청구권 소멸시효가 진행되는 것을 막지 못합니다.

⑦ 그러니 자살 사고가 발생하면 수익자는 적극적으로 보험회사에 사망보험금을 청구하고 이때 보험회사가 재해사망보험금(또는 상해사망보험금) 지급을 거부하면 일단 금융감독원에 분쟁조정을 신청해서 보험금청구권 소멸시효의 진행을 막아야 합니다. 해당 분쟁 건이 분쟁조정위원회에 회부되면 그때부터 보험금청구권 소멸시효의 진행은 중단됩니다.

⑧ 일단 보험금청구권 소멸시효의 진행을 막아 놓은 후 금융분쟁조정결정을 기다려보고, 만약 그 결과가 만족스럽지 않다면 그때 소송을 검토하세요. 이때 보험금청구권 소멸시효는 금융분쟁조정결정이 내려진 때부터 다시 3년간 적용됩니다.

연명의료 중단 후 사망했을 때

연명의료를 거부하고 본인의 의지로 '존엄사'를 선택하는 사람이 늘고 있습니다. 2021년 8월 11일 보건복지부가 배포한 보도자료에 의하면 연명의료결정제도 참여자가 100만 명을 돌파했다고 합니다. 관련 법과 제도가 시행된 지 몇 해 지나지 않았지만, 많은 사람의 호응을 얻고

있습니다. 따라서 앞으로는 연명의료결정법 절차에 따라 연명의료가 중단된 뒤 사망하는 사례가 많이 늘어날 것으로 예상합니다.

가족이나 지인이 연명의료결정법 절차에 따라 연명의료가 중단된 뒤 사망했다면, 그리고 그 사망보험금을 청구하려 한다면 아래 내용을 읽어보기를 권합니다.

① 연명의료결정법 절차에 따라 연명의료가 중단되어 피보험자가 사망했다면 연명의료를 중단하게 된 원인(질병 또는 사고)에 따라 사망진단서가 발급됩니다. 사망보험금을 판단할 때도 같은 기준이 적용됩니다.

[별표 15]

표준약관(제5-13조제1항관련)

□ 생명보험 <개정 2005.2.15., 2008.3.26., 2010.1.29. 2011.1.19., 2013.12.17., 2014.12.26., 2015.8.31., 2015.12.29., 2018.3.2., 2018.7.10.>

제 2 관 보험금의 지급

② 「호스피스·완화의료 및 임종과정에 있는 환자의 연명의료 결정에 관한 법률」에 따른 연명의료중단등결정 및 그 이행으로 피보험자가 사망하는 경우 연명의료중단등결정 및 그 이행은 제3조(보험금의 지급사유) 제3호 '사망'의 원인 및 '사망보험금' 지급에 영향을 미치지 않습니다. <신설 2018.7.10.>

생명보험 표준약관

□ 질병·상해보험(손해보험 회사용) <개정 2010.1.29., 2011.1.19., 2013.12.17., 2014.12.26., 2015.8.31., 2015.12.29., 2018.3.2., 2018.7.10.>

제 2 관 보험금의 지급

② 「호스피스·완화의료 및 임종과정에 있는 환자의 연명의료 결정에 관한 법률」에 따른 연명의료중단등결정 및 그 이행으로 피보험자가 사망하는 경우 연명의료중단등결정 및 그 이행은 제3조(보험금의 지급사유) 제1호 '사망'의 원인 및 '사망보험금' 지급에 영향을 미치지 않습니다. <신설 2018.7.10.>

질병·상해보험(손해보험회사용) 표준약관

② 암환자가 더 이상의 치료효과를 기대할 수 없어서 연명의료결정법에 따라 그 절차를 준수한 후 피보험자가 사망했다면 그 사망은 암에 의한 사망입니다. 암사망특약에 가입되어 있다면 당연히 암사망보험금이 지급되어야 합니다.

③ 큰 사고를 당해서 더 이상의 치료효과를 기대할 수 없고 곧 사망할 것으로 예상되어 연명의료결정법에 따라 그 절차를 준수한 후 피보험자가 사망했다면, 그 사망은 보험금 지급 여부를 판단할 때 사고에 의한 사망(생명보험이라면 재해사망, 손해보험이라면 상해사망)으로 인정됩니다.

코로나19로 인해 사망했을 때

2022년 9월 15일 현재 대한민국에서 코로나19에 의한 누적 사망자 수가 46,989명을 돌파했습니다. 이제 코로나19에 의한 사망은 사망보험금 영역에서도 비중 있게 다뤄야 할 주제가 되었습니다.

가족이나 주변 지인이 코로나19로 인해 사망했다면 사망보험금을 청구하기 전에 아래 내용을 확인해보기 바랍니다.

① 생명보험 가입자가 코로나19에 감염되어 사망했다면, 약관 해석이나 법률 해석과 상관없이 재해사망으로 인정받을 수 있습니다. 생명보험업계가 코로나19로 사망한 보험소비자들에게 재해사망보험금을 지급하겠다는 의사를 밝혔기 때문입니다. 이런 경우 생명보험계약에 재해사망특약이 들어 있다면 일반사망보험금 외에 재해사망보험금도 받을 수 있습니다.

다만, 질병관리청이 2022년 4월 25일부로 제1급감염병인 코로나19를 제2급감염병으로 새롭게 분류하여 고시했습니다. 그러므로 이때부터 코로나19에 의한 사망은 '제1급감염병'으로 사망한 것이 아니라서 생명보험 약관에서 재해사망에 해당하지 않습니다. 이런 상황에도 약관의 해석과 상관없이 재해사망보험금을 지급하겠다고 했던 생명보험업계가 그 약속을 지킬지는 두고 봐야 하겠습니다.

대 구 지 방 법 원

제 1 1 민 사 부

판 결

사 건	2020가합753 보험금
원 고	1. A
	2. B
피 고	C 주식회사
	소송대리인 변호사 박성원
변 론 종 결	2020. 9. 24.
판 결 선 고	2020. 10. 22.

코로나19 바이러스에 의한 감염은 감염병의 예방 및 관리에 관한 법률 제2조 제2호 타목 '제1급감염병 신종감염병증후군'에 해당하는 점 등을 종합하면, 코로나19 바이러스에 의해 패혈증에 이르게 된 것을 두고 '급격한 외래의 사고로 입은 상해'라고 보기는 어렵고, 감염병에 해당하는 질병으로 봄이 타당하다.

- 대구지방법원 2020. 10. 22. 선고 2020가합753 판결

② 손해보험 가입자가 코로나19에 감염되어 사망했다면 새로운 판결이 나오기 전까지는 대구지방법원의 판결

때문에 '상해사망보험금'을 받을 수 없습니다. 만약 질병사망특약이 들어 있는 계약이라면 질병사망보험금은 받을 수 있습니다.

하지만 저라면, 제 가족이 손해보험에 가입한 상태에서 코로나19로 사망했다면 일단 보험회사에 상해사망보험금을 청구하겠습니다. 보험회사가 위 판결문을 제시하며 보험금 지급을 거부하면 금융감독원에 금융분쟁조정을 신청하겠습니다. 그리고 그 결과를 지켜본 후 소송을 검토하겠습니다.

8

보험금을 제대로 받지 못했거나, 보험계약이 해지됐을 때

유병자보험에 가입했는데 기왕력과 상관있다며 보험금 지급을 거부당했을 때

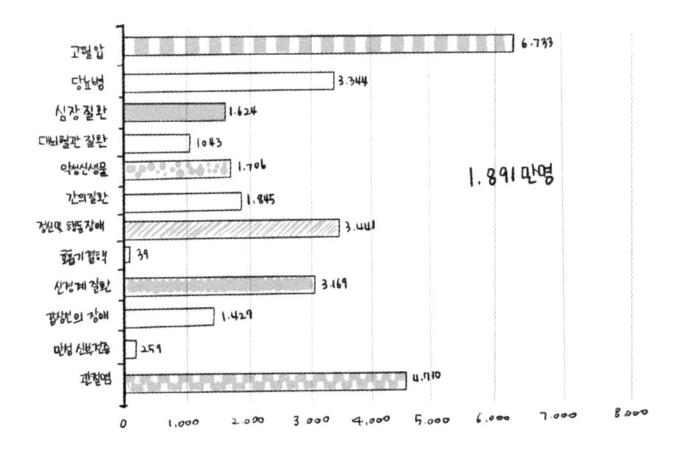

전 국민의 37%가 12대 만성질환으로 치료받고 있습니다. 그래서 유병자보험(간편심사보험)이 매우 인기인데요. 유병자보험에 가입하는 사람 대부분은 과거 병력이 있거나, 현재까지도 약을 먹고 있는 만성질환자입니다. 그런데 유병자보험의 고지의무는 일반심사보험과 비교했을

때 상대적으로 매우 간단해서 소비자가 유병자보험에 가입할 때 과거 병력을 알리지 않아도 되는 경우가 많습니다. 그래서 소비자는 유병자보험에 가입하면 자신의 과거 병력 또는 현재 앓고 있는 병과 관련한 보험금도 쉽게 받을 수 있을 거라고 기대합니다. 고지의무에 해당하는 것이 없으니까요. 그런데 어떤 유병자보험은 소비자의 기왕력을 문제 삼아 보험금 지급을 거부할 수 있으니 주의해야 합니다.

유병자보험에 가입했거나 가입을 검토하고 있다면 아래 내용을 확인하세요.

① 금융감독원의 감독행정작용이 나온 2021년 1월 28일 이전에 판매된 유병자보험은 비록 해당 약관에 '보험기간 중 진단확정된 질병에 대한 직접적인 치료를 목적으로'라는 단서가 있다고 하더라도 이 내용은 해당 상품을 만들면서 손해율에 반영된 것이 아닙니다. 따라서 고지의무 위반만 아니라면 '보험기간 전에 진단확정된 질병'이라 하더라도 그 질병을 치료할 목적으로 유병자보험 가입일 이후 입원하거나 수술하면 해

당 보험금을 지급해야 합니다.

② 2021년 1월 28일 이후에 판매된 유병자보험에 대해서 금융감독원은 해당 상품의 약관이 손해율을 정확히 반영했을 것으로 추정하고 있습니다. 하지만 대부분 보험회사는 약관을 4월에 개정합니다. 따라서 2021년 1월 28일부터 2021년 4월 1일 사이에 가입한 유병자보험이라면, 약관에 '보험기간 중 진단확정된 질병에 대한 직접적인 치료를 목적으로'라는 단서가 있는지 반드시 확인해야 합니다. 만약 2021년 1월 28일 이후부터 2021년 4월 1일 사이에 가입한 유병자보험인데 약관에 '보험기간 중 진단확정된 질병에 대한 치료를 목적으로'라는 단서가 있다는 이유로 기왕력과 관련된 보험금 청구에 대해서 보험회사가 보험금 지급을 거부하면, 금융감독원에 민원을 접수하고 해당 약관 조항이 손해율에 정확히 반영된 것인지 확인을 요청해야 합니다.

③ 2021년 4월 1일 이후 유병자보험에 가입한(또는 가입하려는) 소비자라면 반드시 해당 상품의 약관부터 확인

하세요. 아래 약관처럼 '보험기간 중 진단확정된'이라는 단서가 없는 유병자보험에 가입하기를 권합니다. 이런 유병자보험이 소비자의 기왕력과 관련 있는 보험사고(수술, 입원 등)에 대해서도 보험금을 지급합니다.

> **2-85. 뇌혈관질환수술비Ⅲ(간편가입Ⅳ) 특별약관(갱신형)**
> **2-86. 뇌혈관질환수술비Ⅲ(간편가입Ⅳ) 특별약관**
>
> **제1조(보험금의 지급사유)**
> 회사는 피보험자가 이 특별약관의 보험기간(이하 '보험기간'이라 합니다) 중에 뇌혈관질환의 직접적인 치료를 목적으로 수술을 받은 경우에는 수술1회당 아래에 정한 금액을 뇌혈관질환 수술비(이하 '보험금'이라 합니다)로 보험수익자에게 지급합니다.

한 손해보험사가 2022년 4월 이후 판매하고 있는 '3·2·5 유병자보험' 약관

④ 만약 2021년 4월 1일 이후 유병자보험에 가입했는데 다음과 같이 '보험기간 중 진단확정된'이라는 단서가 약관에 들어 있다면 기왕력과 관련된 보험금을 받지 못합니다. 해당 기왕력과 관련 있는 보험금은 지급하지 않는다는 조건이 손해율에 반영된 상품이기 때문입니다.

뇌혈관질환수술비 II (335간편가입)보장

제1조(보험금의 지급사유)
회사는 보험증권에 기재된 피보험자가 이 특별약관의 보험기간 중에 「뇌혈관질환」으로 진단확정되고 그 치료를 직접적인 목적으로 제4조(수술의 정의와 장소)에서 정한 수술을 받은 경우에는 보험수익자에게 수술 1회당 아래의 금액을 뇌혈관질환수술비로 지급합니다. 다만, 아래의 「계약일부터

한 손해보험사가 2021년 4월 이후 판매하고 있는 '3·3·5 유병자보험' 약관

⑤ 위와 같은 내용을 직접 확인하기 힘든 소비자라면 약관까지 정확히 분석해서 안내해줄 수 있는 보험인을 찾아 유병자보험 가입에 대해 상담받기를 권유합니다. 그분이 약관 분석 전문가라면 유병자보험 약관을 보여주며 비교해서 설명해줄 겁니다.

고지의무 위반이라며 보험회사가 유병자보험을 해지했을 때

유병자보험에 가입한 소비자가 보험금을 청구했을 때 보험회사 측이 보험금 지급사유 조사를 한 후 보험 가입 당시에 고지의무를 위반했다며 보험계약을 해지하는 경우가 빈발하고 있습니다. 그런데 그렇게 해지된 계약 중에는 사실은 고지의무 위반이 아닌데도 보험회사가 최근

판례는 무시한 채 내부 심사 기준만을 적용해서 일방적으로 보험계약을 해지한 사례가 많습니다.

유병자보험에 가입했거나 가입을 검토 중인 분이라면 유병자보험 청약서에서 물어보는 고지사항(계약 전 알릴 의무사항)에 대해서 정확히 알고 있어야 합니다. 청약서 고지사항 질문의 수, 물어보는 내용과 기간 등이 서로 다른 간편심사보험이 많이 출시되고 있고, 각 보험상품의 고지사항을 하나로 일반화해서 설명할 수는 없지만, 여기서는 가장 일반적인 3·2·5간편심사보험을 기준으로 설명하겠습니다.

계약전 알릴의무사항

계약전 알릴의무사항
최근 3개월 이내에 의사로부터 진찰 또는 검사(건강검진 포함)를 통하여 입원 필요 소견, 수술 필요 소견 또는 추가검사(재검사) 필요 소견을 받은 사실이 있습니까? 진찰 또는 검사란 건강검진을 포함하며, 여기서 필요소견이란 의사로부터 진단서, 소견서를 발급받은 경우 또는 의사가 진료기록부 등에 기재하고 이를 환자에게 설명하거나 권유한 경우를 말합니다.
최근 2년 이내에 질병이나 상해사고로 인하여 입원 또는 수술(제왕절개 포함)을 받은 사실이 있습니까?
최근 5년 이내에 암으로 진단받거나 암으로 입원 또는 수술을 받은 사실이 있습니까?

3·2·5유병자보험(간편심사보험) 계약전 알릴의무사항

유병자보험에 가입한 분이거나 가입을 검토 중인 분이라면 다음 내용을 꼭 확인하세요.

① 당뇨나 고혈압 등 만성질환에 대해서 한 달에 한 번 의료기관에서 정기적으로 받는 검사는 '추적 관찰'이지 '추가검사(재검사)'가 아닙니다. 따라서 정기검사가 예약된 것은 '추가검사(재검사) 필요 소견을 받은 것'이 아니므로 고지할 필요가 없습니다. 그런데도 추적 관찰받고 있는 것을 문제 삼아 보험회사가 보험계약을 해지했다면, 우선 판례(서울중앙지방법원 2016. 5. 20. 선고 2015나67009 판결, 대법원 2016. 10. 13. 선고 2016다228475 판결 등)를 제시하며 이의를 제기하거나, 금융분쟁조정위원회에 분쟁조정을 신청하세요. 그래도 문제가 해결되지 않으면 소송을 통해 대응하기 바랍니다.

② 만약 청약일로부터 3개월 이내에 '추가검사(재검사) 필요 소견'을 받았다면, 굳이 그 사실을 고지하면서 유병자보험에 가입하지 말고 3개월이 지나서 청약하세요. 3개월이 지난 뒤에 청약할 때 '추가검사(재검사) 필요 소견'을 받은 사실은 고지대상이 아닙니다.

③ 2년 이내에 입원 또는 수술했으면 2년이 지나서 청약

하세요. 그런데 질병 때문이 아니라 다쳐서 입원 또는 수술했을 때 사실대로 고지해도 인수되는 경우가 많고, 질병도 경증이면 예외적으로 인수해주는 상품이 있으니 담당 설계사와 잘 상의해서 결정하세요.

④ 어떤 보험회사는 청약서 고지 사항 항목에서 수술 이력을 물어보지 않는 유병자보험도 판매하고 있으니, 한 보험회사 상품만 알아보지 말고 다양한 보험회사 상품 중에서 본인에게 가장 유리한 유병자보험을 골라서 가입하세요.

⑤ 암, 급성심근경색, 협심증, 뇌출혈, 뇌경색을 앓았다고 하더라도 유병자보험에 가입할 수 있는 경우가 많으니 설계사와 잘 상의하세요. 설사 암이라고 해도 5년 이내에 진단, 입원 또는 수술받은 사실만 없으면 고지대상에 해당하지 않으므로 쉽게 가입할 수 있습니다.

다만, 암으로 보험금을 받은 보험회사에 다시 유병자보험을 가입하려고 한다면, 이미 보험회사는 소비자의 암 치료 이력을 알고 있으므로 청약서 고지사항에 해당하지 않는데도 현재 상태 등에 대해서 알려 달라고 할 수 있고, 보험계약의 인수를 꺼릴 수 있습니다. 이런 경우에는 다른 여러 보험회사의 유병자보험 인수 조건을 확인한 후 청약하는 것이 유리합니다.

보험회사가 '본인부담상한제'를 이유로 실비보험금을 깎겠다고 할 때

국민건강보험은 '본인부담상한제'를 적용하고 있습니다. 과도한 의료비로 인한 가계 부담을 덜어주기 위하여 비급여, 선택진료비 등을 제외한 국민건강보험 가입자의 본인부담금 총액이 소득 수준에 따른 본인부담상한액을 넘는 경우, 그 초과 금액을 국민건강보험공단에서 부담하

는 제도이며 사전급여와 사후환급으로 구분하여 운영합니다.

그런데 2009년 10월부터 판매한 2세대 실비보험 약관부터 2022년 현재 판매하고 있는 실비보험 약관에는 '본인부담상한제'와 관련한 다음과 같은 면책 조항이 들어 있습니다. 이 조항을 근거로 실비보험금을 삭감한 후 지급하려는 보험회사와 소비자 사이에 분쟁이 계속되고 있습니다.

보상하지 않는 사항

「국민건강보험법」에 따른 요양급여 중 본인부담금의 경우 국민건강보험 관련 법령에 따라 국민건강보험 공단에서 사전 또는 사후환급이 가능한 금액(본인부담상한제).

본인부담상한제 때문에 보험회사가 실비보험금을 삭감하고 주겠다고 할 때는 다음과 같이 대응하세요.

① 일단 실비보험에 가입한 시점을 확인하세요. 2009년 10월 이전이면 보험회사는 본인부담상한제로 인해 소비자가 환급받을 금액만큼 보험금을 삭감하고 지급하면 안 됩니다. 이와 관련한 2심법원의 판결(부산지방법원 2021나40317 판결)도 있습니다.

② 실비보험에 가입한 시점이 2009년 10월 이후라면 보험회사 측과 싸우지 마세요. 본인부담상한제 때문에 소비자가 국민건강보험공단에서 받을 수 있는 사후환급금을 보험회사는 보상하지 않을 수 있습니다. 하지만 대법원판결(대법원 2022다215814 판결) 속 보험회사처럼 일단은 보험금 전액을 지급하고 다음 해 8월 사후환급금이 확정되면, 그때 소비자에게 되돌려 받으라고 요청하세요.

③ 하지만 보험회사 측이 이 요청을 거부하고 보험금에서 먼저 사후환급금을 삭감하려 한다면, 삭감 금액을 산출한 근거를 서류로 달라고 요구하세요.

④ 전년도에 발생한 의료비였다면 다음 해 8월이 지나면

국민건강보험공단에서 환급받을 금액이 얼마인지 다음과 같은 방법으로 직접 확인할 수 있습니다.

국민건강보험공단 홈페이지

국민건강보험공단 홈페이지

국민건강보험공단 홈페이지에서 로그인합니다. 그 후 '환급금 조회/신청'을 클릭합니다. 본인부담금 환급금을 확인합니다.

전동킥보드 등 1인 모빌리티를 이용하다가 사고를 당했을 때

'이륜자동차 또는 원동기장치 자전거를 계속적으로 사용하게 된 경우'에는 손해보험회사에 알려야 합니다. 이것을 '통지의무' 또는 '계약 후 알릴 의무'라고 합니다. 통지의무를 이행하지 않은 상태에서 전동킥보드 같은 1인 모빌리티를 사용하다가 사고를 당하면 손해보험 계약에

서는 보험금 지급을 거부당하고 보험계약도 강제로 해지될 수 있습니다.

제19조 (상해보험 계약 후 알릴 의무)

① 계약자 또는 피보험자는 보험기간 중에 피보험자에게 다음 각 호의 변경이 발생한 경우에는 우편, 전화, 방문 등의 방법으로 지체없이 회사에 알려야 합니다.

1. 보험증권 등에 기재된 직업 또는 직무의 변경
   가. 현재의 직업 또는 직무가 변경된 경우
   나. 직업이 없는 자가 취직한 경우
   다. 현재의 직업을 그만둔 경우
2. 보험증권 등에 기재된 피보험자의 운전 목적이 변경된 경우
   예) 자가용에서 영업용으로 변경, 영업용에서 자가용으로 변경 등
3. 보험증권 등에 기재된 피보험자의 운전여부가 변경된 경우
   예) 비운전자에서 운전자로 변경, 운전자에서 비운전자로 변경 등
4. 이륜자동차 또는 원동기장치 자전거를 계속적으로 사용하게 된 경우

손해보험 보통약관 '상해보험 계약 후 알릴 의무'

① 전동킥보드나 전동휠을 부정기적으로 타는 경우도 있습니다. 그러다가 사고가 났다면 '통지의무' 위반으로 보지 않습니다. 현재 사용하고 있는 손해보험 약관을 보면 '이륜자동차 또는 원동기장치 자전거를 계속적으로 사용하게 된 경우' 보험사에 알려야 한다고 되어 있습니다. 여기서 '계속적으로 사용하게 된 경우'라는 표현이 애매합니다. 약관과 판례를 종합해보면 직업이나 직무, 동호회 활동, 출퇴근 용도 등으로 사용하는 것이 '계속

적으로 사용하는 경우'에 해당함을 알 수 있습니다.

② 만약 '이륜자동차 운전 중 상해 부보장 특별약관'에 가입되어 있다면 오토바이나 원동기장치 자전거, 전동킥보드, 전동휠 등을 직업이나 직무, 동호회 활동, 출퇴근 용도 등으로 사용하다가 사고가 발생하면 보험금을 받을 수 없습니다. 하지만 이때 소비자가 이륜자동차 등을 직업이나 직무, 동호회 활동, 출퇴근 용도로 사용하였음을 보험회사가 입증하지 못하면 '이륜자동차 운전 중 상해 부보장 특별약관'과 상관없이 보험금을 지급합니다.

③ 걸음이 불편한 장애인이나 어르신 같은 교통 약자들이 사용하는 전동휠체어나 의료용 스쿠터도 계속 사용하게 되면 보험회사에 알려야 할까요? 아닙니다. 장애인이나 교통 약자가 사용하는 전동휠체어, 의료용 스쿠터는 이륜자동차나 원동기장치 자전거로 보지 않습니다. 그러므로 불편한 보행을 돕는 전동장치는 계속 사용한다고 하더라도 보험회사에 알릴 필요가 없습니다.

동호회 활동 중에 발생한 사고라며 보험회사가 보험금 지급을 거부할 때

손해보험계약 면책 규정 속에서 의미하는 '동호회'는 같은 취미를 가지고 함께 즐기는 사람들의 모임으로, 계속적·반복적인 활동이 예상되는 모임이며 약관에서 정하고 있는 이와 관련된 면책 규정은 다음과 같습니다. 보험회사가 이 면책 규정을 무리하게 확대해석해서 보험금 지

급을 거부하는 사례가 많습니다.

> **제5조 (보험금을 지급하지 않는 사유)**
>
> ② 회사는 다른 약정이 없으면 피보험자가 직업, 직무 또는 동호회 활동목적으로 아래에 열거된 행위로 인하여 제3조(보험금의 지급사유)의 상해관련 보험금 지급사유가 발생한 때에는 해당 보험금을 지급하지 않습니다.
>
> 1. 전문등반(전문적인 등산용구를 사용하여 암벽 또는 빙벽을 오르내리거나 특수한 기술, 경험, 사전훈련을 필요로 하는 등반을 말합니다), 글라이더 조종, 스카이다이빙, 스쿠버다이빙, 행글라이딩, 수상보트, 패러글라이딩
> 2. 모터보트, 자동차 또는 오토바이에 의한 경기, 시범, 흥행(이를 위한 연습을 포함합니다) 또는 시운전(다만, 공용도로상에서 시운전을 하는 동안 보험금 지급사유가 발생한 경우에는 보장합니다)
> 3. 선박승무원, 어부, 사공, 그 밖에 선박에 탑승하는 것을 직무로 하는 사람이 직무상 선박에 탑승하고 있는 동안

손해보험계약 보통약관 중 '보험금을 지급하지 않는 사유'

① 일회성으로 조기축구 모임에 참여했다가 다친 것은 '동호회 활동'을 하다가 다친 경우에 해당하지 않습니다. 히말라야 원정대라 하더라도 계속적이고 반복적인 활동이 예상되는 모임이 아니므로 '동호회 활동'으로 볼 수 없습니다.

② 전문 등반, 글라이더 조종, 모터보트 운전 중에 사고가 발생했다고 하더라도 그것이 직업, 직무, 동호회 활동과 무관하게 개인적인 취미활동 중에 발생한 사고라

면 손해보험 약관에서 정하고 있는 면책 규정에 해당하지 않습니다.

③ 오토바이 등 이륜자동차 운전(탑승을 포함합니다) 중에 사고가 발생한 경우라도 피보험자가 직업, 직무, 동호회 활동 등을 목적으로 지속해서 운전한 사실을 보험회사가 입증하지 못하면 관련 보험금을 지급해야 합니다.

④ 인공암벽 시설에서 스포츠 클라이밍을 하는 것은 면책 규정에서 정하고 있는 '전문 등반'이 아닙니다. 따라서 동호회 활동 목적으로 인공암벽 시설에서 스포츠 클라이밍을 하던 중 추락해 다친 경우라고 하더라도 손해보험에서 보상받을 수 있습니다.

보험회사가 (자체)의료심사 후 보험금 지급을 거부할 때

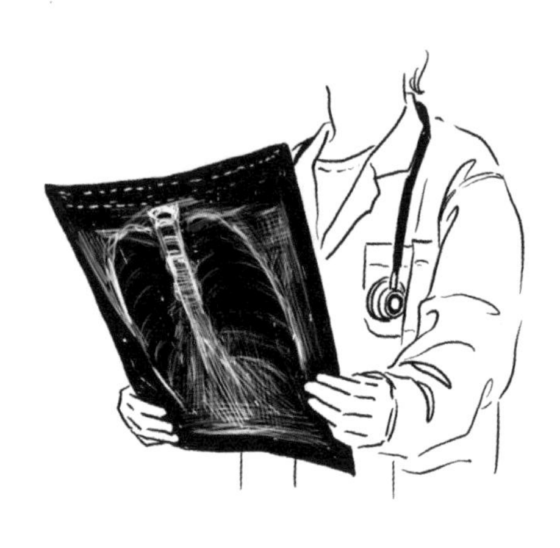

보험약관의 모호한 규정이 소비자를 혼란에 빠트리는 경우가 많습니다. 소비자가 보험금을 청구하면 보험회사 측은 '(자체)의료심사' 결과만으로 보험금을 삭감하거나 보험금 지급을 거부하는 사례가 많습니다. 또한 보험금 청구서를 접수할 때부터 제3의 의료기관에 의료자문을

받는 것에 대해서 소비자가 미리 동의하지 않으면 보험금 심사를 아예 할 수 없다는 말도 자주 합니다. 하지만 이와 같은 주장은 모두 사실이 아닙니다.

① 보험회사의 '(자체)의료심사' 결과를 인정하지 마세요.

보험회사는 '(자체)의료심사' 결과만으로 보험금을 삭

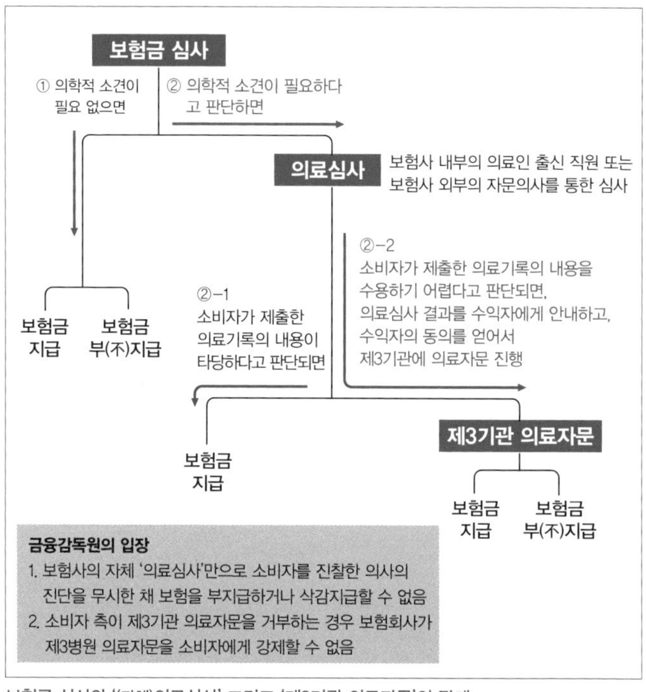

보험금 심사와 '(자체)의료심사' 그리고 '제3기관 의료자문'의 관계

감하거나 보험금 지급을 거부할 수 없습니다.

② 보험회사의 '제3기관 의료자문' 요청에 동의해주지 마세요. 의무사항이 아닙니다. 소비자를 진료한 의사의 진단을 부정하려는 의도입니다.

③ 보험회사의 '제3기관 의료자문' 요청에 동의해주지 않으면 보험회사 측 조사자가 계속 재촉합니다. 그래도 응하지 마세요. 보험금을 청구하고 30일쯤 되면 보험회사는 소비자가 제출한 의료기록과 병원에서 복사해 간 의료기록만으로 보험금 심사를 해야 합니다. 그 결과에 따라 보험금 지급 여부를 판단합니다. 이렇게 하는 것이 '제3기관 의료자문' 요청에 동의해주는 것보다 소비자에게 훨씬 더 유리합니다.

④ 만약 보험금을 청구하고 30일이 지났음에도 '제3기관 의료자문'에 동의하지 않았다는 이유로 보험회사가 보험금 지급을 거부하면, 전문 손해사정사나 보험전문 변호사를 선임해서 보험회사에 대응하세요.

그런데 변호사 중에는 보험에 관한 기본 지식도 없으면서 일단 사건을 맡고 보는 사람도 있으니, 변호사에게 먼저 찾아가기보다는 실력 있는 손해사정사를 찾아 보험금 청구 업무를 맡기는 것이 좋습니다.

'즉시연금보험' 가입자가 최저보증이율에 못 미치는 연금을 받고 있을 때

즉시연금보험은 소비자가 목돈을 한 번에 보험회사에 납부하고 그 다음 달부터 매월 연금을 받는 보험입니다. 지금 문제가 되는 상품은 연금을 받다가 만기 시점에 납부했던 보험료 전액을 돌려받는 '만기환급형 즉시연금보험'입니다. 만기 시점에 납부했던 목돈을 그대로 되돌려

주는 연금보험이라서 많은 소비자가 가입했습니다. 게다가 보험회사들은 이 상품을 판매하면서 시중 금리가 아무리 떨어져도 '최저보증이율'로 계산한 연금액을 지급한다며 가입을 유도했습니다. 그런데 가입자들이 정작 연금을 받아보니 최저보증이율에도 못 미치는 연금액이 지급됐습니다. 그래서 소비자와 보험회사 사이에 소송이 진행 중입니다. 금융감독원에 의하면 '만기환급형 즉시연금보험'과 관련한 생명보험업계 전체의 분쟁 규모가 약 1조 원에 달한다고 합니다.

① '만기환급형 즉시연금보험'에 가입한 소비자라면 일단 보험회사에 최저보증이율에 해당하는 연금액을 지급하라고 요구하세요. 그런데도 보험회사가 복잡한 계산식을 제시하면서 추가로 지급할 연금액이 없다고 주장하면, 더 이상 연금 추가 지급을 보험회사에 요구하지 마세요. 소비자에게 겁을 주려는 목적으로 소송을 걸어올 수도 있습니다.

② 보험회사에 계속 요구하지 말고 금융감독원에 분쟁조정을 신청하세요. 소비자가 이 건으로 금융감독원에

분쟁조정신청을 하면 금융감독원은 모든 건을 분쟁조정신청받아서 심의할 예정입니다. 이렇게 금융감독원이 분쟁 심의를 진행하는 건은 '금융소비자 보호에 관한 법률 제40조'에 의해 보험금청구권 소멸시효의 진행이 중단됩니다.

하지만 이렇게 금융감독원에 분쟁조정도 신청하지 않으면 보험금청구권 소멸시효는 최저보증이율에도 못 미치는 연금을 받고 있음을 소비자가 알았거나, 알 수 있었던 때부터 진행합니다. 또한 보험금을 청구했으나 보험회사가 지급을 거절했다는 이유로 청구권 소멸시효의 진행이 중단되지 않으므로 소비자는 매우 주의를 기울여야 합니다.

다행히도 금융감독원은 관련 소송이 장기화할 것을 우려해서 소비자가 이 건으로 금융감독원에 분쟁조정을 신청하면, 법원의 최종 판결이 나올 때까지 심의는 하되 분쟁 처리를 진행하지 않고 보류할 예정이라고 합니다. 분쟁조정결정이 나면 그 순간 보험금청구권 소멸시효가 진행되므로 하루라도 더 소멸시효의 진행을 막으려는 조치입니다.

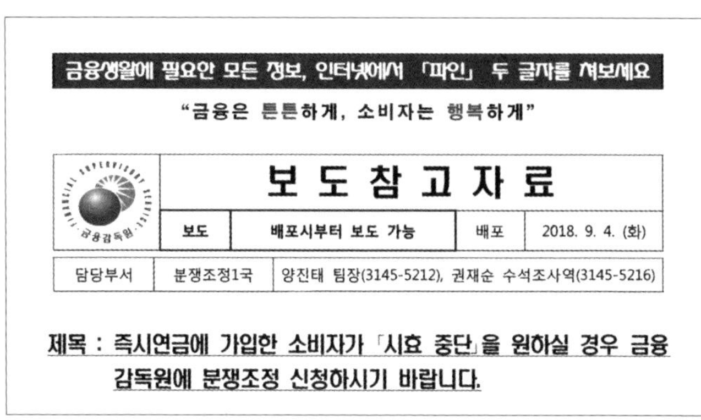

금융생활에 필요한 모든 정보, 인터넷에서 「파인」 두 글자를 쳐보세요

"금융은 튼튼하게, 소비자는 행복하게"

보 도 참 고 자 료

보도	배포시부터 보도 가능	배포	2018. 9. 4. (화)

담당부서	분쟁조정1국	양진태 팀장(3145-5212), 권재순 수석조사역(3145-5216)

제목 : 즉시연금에 가입한 소비자가 「시효 중단」을 원하실 경우 금융감독원에 분쟁조정 신청하시기 바랍니다.

금융감독원 보도 참고자료 2018. 9. 4.

③ 즉시연금 분쟁조정신청은 금융감독원이 운영하는 금융소비자정보포털 파인(https://fine.fss.or.kr)에서 할 수 있습니다.

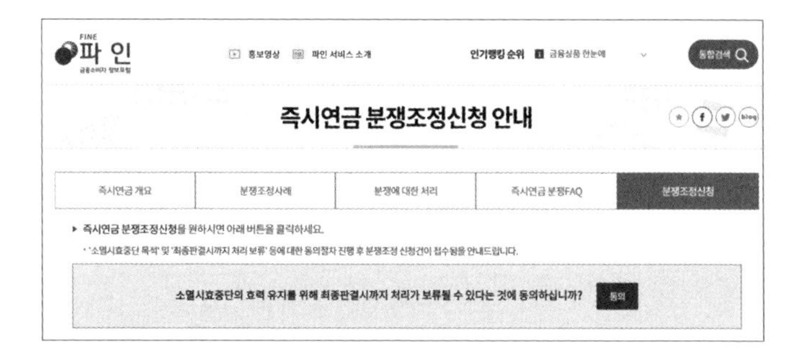

보험금
HOW